경사로 활동을 통한

구성주의 유아물리과학 하기

리타 드브리스 · 크리스티나 세일즈 지음

이경우 · 곽향림 · 천선 옮김

Ramps & Pathways

A Constructivist Approach to Physics with Young Children

창지사

어떤 물체에 대해 안다는 것은
그 물체에 행동을 가해 보고 그 행동을 변형시키는 것으로….
-Jean Piaget, *Science of Education and the Psychology of the Child*

바라건대 교사는 설교와
이미 만들어진 결론을 전수하는 데 만족하기를 멈추고
주도성과 탐구를 격려하는 멘토가 되어야 한다.
-Jean Piaget, *To Understand is to invent*

차례

감사의 글

이 책의 출판을 도와주신 많은 분께 감사드린다. 먼저 제1저자가 북아이오와 대학 유아발달교육연구소장으로 있으면서 6년간 운영했던 부설 프리버그 학교의 유아들과 교사들에게 감사드린다.

프리버그 학교 설립을 가장 먼저 추구했던 교육대학 학장인 토마스 스와이처 박사에게도 감사드린다. 경사로 활동이 유아학습과 발달에 특별한 가치가 있다고 확신할 수 있게 된 것은 프리버그 학교의 교사와 유아들의 활동을 통해서였다. 프리버그 학교의 교사와 직원, 교사 전문협회의 회원, 미국 과학협회 시범 프로젝트에 참여해 주신 분들, 그리고 운영이사회 센터 연구원과 직원들이 실험해 보고, 토의에 참여하고, 이 책의 초본에 의견을 제공하면서 기여해 주었다. 운영이사회센터의 기술팀은 이 책에 쓸 사례에 필요한 사진과 비디오 자료를 찾아 주었다. 사진은 주로 교사와 영상 전문가가 찍었다. 또 비서인 테레서 존슨과 사서인 캐티 피어슨에게 감사한다.

초고를 작성할 수 있도록 연구비를 주신 미국 교육국과 '경사로 활동을 통한 구성주의 유아물리과학 하기'의 연구를 끝낼 수 있도록 해 주신 미국 과학재단에도 감사를 드린다. 또 초고에 대해 비평해 주신 콘스탄스 카미 박사께도 감사드린다. 경사로에 코브 몰딩을 사용해 볼 것을 제안한 쉐론 두리틀에게 특별한 감사를 드린다. 개인적으로 이 책을 쓰는 동안 보여준 제프 세일즈의 격려와 도움에 감사드린다.

유아발달교육연구소 교수
Dr. Rebecca Edmiaston
Dr. Judy Finkelstein
Dr. Linda May Fitzgerald
Dr. Carolyn Hildebrandt
Dr. Jill Uhlenberg
Dr. Betty Zan

연구 조교
Kathy Thompson
Sonia Yoshizawa
Rosemary Geiken
Secretary: Theresa Johnson

프리버그 학교 교장
Jeffry Sales

프리버그 학교 직원
Melissa Anderson
Shirley Bruce
Gloria Galloway
Sherice Hetrick-Ortman
Shari McGhee
Gwen Harmon
Marilyn Luttinen
Beth Van Meeteren
Jane Pearce
Sherri Peterson
Annie Philips
Dr. Annette Swann
Nurse: Jennifer Ritland

헤드스타트 가족요원
Shelia Woods

대학원생
Dr. Seon Chun
Dr. Peter Koech

시청각 전문인
Catherine Richey
Seth Vickers
Cathy Pearson 사무원

프리버그 학교와 이 책의 개발을 지원해 준 사람들
프리버그 학교 기금조성 기부자들
Tom Harkin 상원의원
Charles Grassley 상원의원
Jim Nussle 하원의원
Dr. Lim Kwak
Dr. Yuko Hashimoto

저자 소개

리타 드브리스 박사는 북아이오와 대학의 교육과정과 교수방법과의 교수였고, 유아발달교육연구소 소장이었으며, 구성주의 교육을 실현한 프리버그 학교를 세우고 발전시키는 데 큰 공헌하였다. 이전에는 휴스톤 대학의 메릴 파머 학교의 연구원이었고, 시카고에 있는 일리노이 주립대학 교수였다. 드브리스는 많은 상을 받았는데, 미국 교육자 연구협회로부터 구성주의 교육 적용에 중대한 공헌을 한 것에 대한 상, 북아이오와 대학과 휴스톤 대학으로부터 뛰어난 연구업적을 올린 교수상을 받았다. 여러 저서가 있는데 그 중 유아교육에서 *Developing Constructivist Curriculum in Early Education: Pratical Principles and Activities*(Teachers College Press, 2002)[역자 주: 『구성주의 유아교육교수법』(곽향림·허미화·김선영 옮김, 창지사, 2007)]; 그리고 *Moral Classrooms, Moral Children: Creating a Constructivist Atmosphere in early Education* (Teachers College Press, 1994)[역자 주: 『유아를 위한 사회 도덕성 교육』(이은화·이경우·곽향림 옮김, 창지사, 1997)]가 대표적인 최근의 저서이다. 시카고 대학에서 심리학으로 박사학위를 받았고, 국립 정신건강기관에서 박사 후 과정을 밟았으며, 스위스 제네바 대학에서 공부하였다.

크리스티나 세일즈 박사는 현재 북아이오와 대학에서 교수로 재직 중이며, 20년 이상 유아를 가르친 교사였다. 프리버그 학교 설립을 도왔고, 프리버그 학교에서 교육과정 연구사와 교사로 근무했다. 유아교육에 관해 전 세계에서 수많은 강연을 했고, 북아이오와 대학에서 *Developing Constructivist Curriculum in Early Education: Pratical Principles and Activities*(Teachers College Press, 2002) 공동 저자로 참여했다. 세일즈 박사는 현직 교사들과의 협력, 연구, 구성주의 유아교육과정 개발, 유아 활동에 관한 연구를 하는 데 많은 시간을 보내고 있다. 북아이오와 대학에서 교육과정과 교수방법과에서 교육학 박사학위를 받았다.

역자 서문

“사람은 이름을 남기고 호랑이는 가죽을 남긴다.”는 격언이 있다. 바로 피아제가 그렇고 드브리스가 그렇다. 교육에서 행동주의에 반기를 들고 구성주의의 이론과 실제를 남긴 분들이다. 일생을 연구하고 이론을 정립해 주신 위대한 업적은 인간의 생각을 동물연구로부터 인간연구로 치중하게 한 구성주의 이론을 확고하게 하였고 지금은 뇌 발달 연구에까지 영향을 주어 MRI와 같은 뇌과학 연구에서도 상호작용적 관점으로 연구의 방향이 이어지게 영향을 주었다. 유아기에 좋은 상호작용적 경험이 뇌를 발달하게 하므로 생후 초기의 좋은 경험은 행동조절, 논리적 능력, 언어발달, 기억력, 정서적인 조절을 할 수 있다는 하버드 대학 연구로 지속된다.

이 책은 드브리스와 세일즈가 유아들이 지식을 구성해 가는 것을 물리과학의 한 부분으로 연구하고 그 심층적 과정을 사진으로 기록한 상호작용의 흔적이다. 사진 기록을 보면 유아가 흥미를 가지고 탐색하고 숙고하는 과정이 담겨 있다. 특히 유아가 실험하는 활동을 하는 동안 지적관계를 어떻게 구성해 나아가는지 보여주는 실제가 심층적으로 담긴 큰 포트폴리오와 같은 책이다.

이 책에 담긴 이론은 경사로를 소개하는 상품에서도 전개되는데 거기에는 큰 차이가 있다. 다음의 두 사진이 이를 잘 나타내 준다. 이 사진을 구태여 서문에 소개하는 이유는 마치 교육의 두 현장을 보여주는 것이기 때문이다. 하나는 구성주의적 활동을 하며 지식을 구성하는 자율적 유아, 다른 하나는 성인이 경사로를 임의적으로 구성하고 유아는 아무 지적관계를 파악하지 않고 단순히 물체를 굴려보는 활동을 하는 유아를 나타내 준다. 두 아이는 한 번 밖에 가질 수 없는 일생에 성인의 실수로 인해 지적 관계와 지식구성의 기회를 갖든지 잃게 되는 자율적 혹은 타율적 환경에 있게 된다. 이 시점에서 "나는 어떤 역할을 하고 있겠는가?" 생각하게 한다.

역자들은 일찍이 구성주의에 대해 알고 싶어 드브리스가 연구하던 휴스톤 대학(University of Houston)과 북아이오와 대학(University of Northern Iowa)에서 구성주의 이론과 실제를 배웠다. 그 분의 저서를 번역·소개하면서 이론과 실제를 알게 되며 동시에 우리도 인생을 배우고 구성해감을 알게 되었다. 즉, 우리는 우리 자신이 교사로서 상호작용의 민주적 주체로서 인생을 구성해 가는 자율적 존재라는 것을 알게 되었다는 말이다. 스마트 사회에서 게임과 인터넷 중독에 빠질지도 모를 유아들에게서 천천히, 자율적이며 전두엽과 후두엽 두뇌 발달을 골고루 할 수 있도록 하는 경사로의 활동은 정신적 관계 구성과 자율성을 펴 나아가게 할 수 있는 소질을 길러 주는 기회가 될 수 있기 소망해 본다.

구성주의 흔적을 남긴 드브리스께, 공동 연구자인 세일즈의 노고에 감사드린다. 또한 어려운 원고로 편집에 애써 주신 창지사 편집부 여러분께 감사드린다.

2014년
역자

1 교사는 자갈을 움직이게 하는 것이 무엇인지에 대한 에리카의(정확하지 않은) 아이디어를 존중함으로써 에리카가 자신감을 갖고 생각하고 실험해 볼 수 있도록 격려한다.

"선생님 삽을 제가 써도 돼요?"

바깥놀이 시간에 4살인 에리카가 약간 경사가 진 긴 플라스틱 빗물받이 위에 삽으로 푼 자갈을 떨어뜨리고 있다. 자갈은 거의 움직이지 않는다. 에리카 옆에 있는 교사 쉐론 두리틀은 경사가 급한 짧은 빗물받이 위에 삽으로 푼 자갈을 흘려보내고 있다.

에리카는 쉐론 선생님의 자갈이 소리를 내며 빨리 미끄러져 내려가는 것을 보고 자기도 똑같이 하고 싶어졌다. 에리카가 "선생님 삽을 제가 써도 돼요?" 라고 말하자 선생님은 삽을 건네준다. 에리카는 기대하면서 그 삽으로 자신의 빗물받이에 자갈을 떨어뜨렸지만 여전히 흥미 없는 결과를 보고 만다.

그러던 중, 교사 쉐론은 또 다른 삽을 가져와 빗물받이에 다시 자갈을 떨어뜨린다. 이번에도 자갈이 경사진 길을 따라 미끄러져 내려갔다. 에리카는 놀라서 멈칫하고는 선생님의 새 삽을 쳐다보며 또다시 "선생님 삽을 제가 써도 돼요?"라고 묻는다.

선생님의 삽을 사용하면 자신의 자갈이 빨리 미끄러져 내려갈 것이라는 에리카의 생각에 미소를 짓게 된다. 누구도 에리카에게 과학적으로 잘못된 그런 생각을 가르쳐 주

어떤 생각을 '틀리다'고 말해야만 하는가?
물리과학자 간에는 나이 든 아동이나 성인에게 '오개념'이나 '틀린 생각'이라는 용어를 사용해도 되는지에 대해 논쟁하면서 이와 같은 어휘를 버리고 '전 개념(pre conception)'이나 '초보 생각(naive ideas)'이라는 말로 대체해야 한다는 주장이 이루어지고 있다. 이는 과학적으로는 부정확하지만 뭔가를 이해하려고 시도해 보는 사람을 모욕하거나 의욕을 좌절시키지 않으려는 가상스런 노력으로 보인다. 과학도와 교사 교육자의 이러한 세심한 감성에 우리는 동의한다. 하지만, 이 책에서는 피아제를 따라 과학적 현상에 관한 유아의 '실수적인', '틀린', '잘못된' 생각이라는 용어를 선택하기로 한다. 물론 이런 용어를 유아에게 사용하지는 않는다. 사실 우리는 유아에게 '맞다, 틀리다'를 말하지 않는다. 대신 우리는 과학적 현상과 활동을 주의 깊게 선택하여 유아가 자신의 생각이 맞는지 아닌지를 직접 시험해 보고 알아내도록 한다.

지 않았다. 그저 에리카 자신이 즉각적으로 해낸 생각이다.

이와 같은 유아의 생각은 주변에서 쉽게 접할 수 있다. 이런 사건은 종종 가족 내에서도 이야깃거리가 되곤 한다. 리타(Rheta DeVries)의 가족은 아칸소 주의 다이아몬드 동굴로 가족 여행 다녀온 이야기를 즐긴다. 동굴은 천장이 낮아서 어른은 구부린 채 걸어야 했다. 그때 3살된 리타는 어른의 모습을 보고 자신도 등을 구부리고 걸어서 온 가족이 웃음바다가 되었다. 세일즈(Christina Sales)의 가족이 가장 즐기는 이야기는 아들 매튜가 2살쯤 되었을 때의 일이다. 그들은 휴가 때 hike(등산)를 떠날 계획에 들떠 있었다. 그런데 막상 로키산 국립공원에 도착하자 매튜는 "미식 축구공은 어디 있어요?"라고 물어 부모인 크리스티나와 제프리를 의아하게 했다. 그때서야 매튜가 아는 'hike'라는 단어는 등산이 아니라 아빠와 미식축구할 때 배웠던 공을 전달하는 하이크(hike)밖에 없다는 것을 깨달았다.

어린 리타와 매튜처럼 유아는 모두 사물이 어떻게 작동하는지를 알아내려는 과정에서 자신이 알고 있는 기존의 지식과 관찰을 바탕으로 성인(보다 많은 지식과 경험을 가진)은 이미 틀린 것이고 잘못 이해한 것이라고 알고 있는 결론을 유출해 내기 위해 애쓴다. 자신의 물리적 세계 안에서 직면한 문제를 해결하려는 시도에서 에리카는 자갈의 움직임에 영향을 준 것은 삽이라는 결론을 내린다. 리타 또한 성인의 행동을 관찰한 후, 동굴 안에서는 등을 구부려야만 한다고 결론을 내렸고 매튜는 본인의 한정된 언어 지식 때문에 휴가 중 자신이 좋아하는 운동을 하게 될 것이라는 결론을 내린 것이다.

물론 유아가 정확한 지식을 습득하고 사용하기를 바란다. 하지만 유아의 많은 잘못된 개념을 그냥 쓸모 없다고 무시할 수는 없다. 유아의 실수적인 아이디어가 중요한 이유는 유아가 지니는 어떤 특정한 오개념이 그 유아가 옳은 개념에 도달하도록 하는 데 필수적이기 때문이다. 유아나 어른이나 모두 무엇이 옳지 않다는 것을 알 때 비로소 무엇이 옳은지 더 확실하게 잘 알게 되는 것이다.

유아마다 갖는 잘못된 개념은 다르다. 교사는 유아가 가지고 있는 잘못된 개념을 바로잡을 수 있는 상황을 창조해 주면서 물리적 경험을 통해 사물을 이해하려는 유아의 노력을 존중해 줄 수 있다. 유아는 자신의 잘못된 생각과 모순되는 물리적 현상을 관찰했을 때, 자신의 생각을 변화시킬 기회를 갖게 된다. 교사는 에리카의 관심에 주의를 기울이며 교실에서 경사에 관한 활동을 제공한다. 이를 통해 에리카는 물체가 경사진 곳에서 어떻게 미끄러져 내려가는지에 대해 깊이 생각하고 실험할 기회를 얻게 되고, 결국에는 경사가 자갈의 움직임에 영향을 미친다는 것을 이해하여 자신의 생각을 바꾸게 된다.

쉐론 선생이 빗물받이를 어떻게 배열하는지 보여 주기만 했거나 말로만 해 주었다면 에리카는 자신이 스스로 알아낼 중요한 기회를 놓치게 되었을 것이다. 무엇을 할지 지시하는 교사를 만났다면 에리카는 왜 경사가 커질수록 자갈이 더 잘 미끄러지는지 확실히 이해할 수 없었을 것이다. 쉐론 선생이 에리카의 삽에 대한 생각이 재미있다고 그냥 웃음을 터트리고 말았다면 리타가 다이아몬드 동굴에서 왜 다른 모든 사람이 웃는지 이해하지 못하고 창피하게 느꼈던 것과 같은 감정을 에리카도 갖게 되었을 것이다. 만약 교사가 삽을 바꾸어도 문제가 해결되지 않을 것이라고 말했다면, 에리카는 자신의 사고 능력에 대해 자신감을 잃고 의구심을 갖게 되었을 것이다. 쉐론 선생은 그렇게 하지 않고 에리카의 삽에 관한 아이디어를 존중하고 에리카 스스로 자신의 생각이 잘못되었음을 볼 수 있게 그 아이디어를 시험해 볼 기회를 만들어 주었다. 우리는 누구나 자신의 아이디어가 잘못되었음을 스스로 발견했을 때 다른 가능성에 대해 마음의 문을 열게 된다.

구성주의자는 유아가 사물이 어떻게 작용하는지에 대해 자신의 생각을 형성하고, 시험해 보고, 다듬어보는 역동적 과정을 통해 세상에 대한 이해를 '구성'해 간다고 믿는다.

물론, 어떤 지식은 얘기해 줌으로써 가르치는 것이 합당하다. 예를 들어 매튜의 경우, 부모님이 하이크(hike)라는 단어에 여러 의미가 있다는 것을 설명해 주면 매튜의 오해는 수정될 것이다. 하지만 물리적 세계는 에리카의 경우처럼 아이디어를 생각해내고 시도해 보고 결과를 지켜보고 그 아이디어를 수정하고, 또 다시 시도해 보는 등 유아가 직접 경험해 볼 때 가장 잘 배울 수 있음을 구성주의자는 믿는다. 유아 교실에서 사용되는 대부분의 물리과학 교육과정에는 '직접 손으로 해 보는' 활동이 포함되어 있다. 그러나 유아가 물체와 물리적 현상에 관해 자신의 아이디어를 직접 실험해 봄으로써 깊이 추론하게 하는 활동은 소수이다. 보통 대부분의 과학 활동 주제는 특정한 연령층을 대상으로 하게끔 제한되어 나중에 다시 그 주제를 재방문할 수 있는 시간을 허락하지 않는다.

이와 반대로, 경사로 활동은 여러 연령층과 발달 단계를 거쳐 사용할 수 있도록 고안되었다. 이 책은 유아가 여러 해에 걸쳐 힘과 운동 개념에 대한 실제적인 이해를 심도 있게 구성해 나가도록 하기 위해 교사가 어떻게 지도해야 하는지를 기술하고 있다. 또한 발달심리학자인 피아제가 '돌아서 가는 길'이라고 칭한 것처럼, 유아가 과학적 진리를 알아내기 위해 반드시 거쳐 가야만 하는 것이 무엇인지를 설명한다.

'경사로'에 관한 이야기

이 책은 유아가 어떻게 배우고 발달하는지에 관한 피아제의 연구와 이론을 교육 실제에 적용시키려고 한 저자의 노력을 담고 있다. 경사로 이야기는 리타 드브리스(Rheta De-Vries)가 1970년대 콘스탄스 카미(Constance Kamii)와 일리노이 대학의 시카고 유아 센터 교사들과 협력한 것에서부터 시작된다. 이들은 피아제의 연구로부터 유아가 물체와 물체 현상에 관해 실험해 보는 물리적 지식 활동에 관한 아이디어를 이끌어내게 되었다. 경사로는 이때 교실에서 실험해 보면서 *Physical Knowledge in Preschool Education: Implications of Piaget's Theory*(Kamii & DeVries, 1978/1993)(역자 주: 『유아를 위한 물리적 지식 활동』(이경우, 문미옥 옮김, 창지사, 1990)이란 책에 수록했던 많은 활동 중의 하나다.

크리스티나 세일즈(Christina Sales)는 1990년 이 물리적 지식 활동에 감명받아 아이오와 주 플레인 필드 시에 있는 자신의 교실에서 이 활동을 하였다. 1993년 드브리스는 북아이오와 대학에 유아발달교육센터 소장이 되면서 세일즈를 만나게 되었고 세일즈는 바로 대학원 조교로, 후에는 연구원으로, 또 프리버그 학교 교사로, 그리고 교육과정 책임자로 일하게 되었다. 드브리스가 세일즈의 교실을 방문하면서 이들은 경사로를 포함한 다양한 물리적 지식 활동에 대한 유아의 사고에 관해 함께 논의하는 기회를 갖게 되었다.

유아발달교육센터가 1998년 첫 번째 현직 교사협의회를 창립하면서 경사로 활동이 이 회원들 사이에서 논의되기 시작했다. 그 결과로 회원 중 한 명인 쉐론 두리틀이 1998년 아이오와 주 프래리 시에 있는 한 유아원에서 경사로 활동을 시작하였다. 어떤 문헌

(Gilbert, 1984)을 찾다가 쉐론은 30cm 정도 길이의 코브 몰딩과 지지대로 사용한 스폰지와 경사로에 굴릴 자동차나 다른 물건에 대한 사진과 간단한 설명을 보게 되었다.

쉐론은 **유아를 위한 물리적 지식 활동**에 나온 교수 원리(예를 들어 유아의 실험을 격려하고 그들의 사고 발달을 위해 개입하는 것)를 적용하여 이 아이디어를 발전시키고 싶어졌다. 쉐론은 경사로를 위해 코브 몰딩을 사용하고 싶다고 의논해 왔다. 그 당시 구웬 헤몬과 함께 한 헤드 스타트 교실의 교사였던 크리스티나는 이를 가장 긴 120cm까지 다양한 길이의 코브 몰딩을 사용하는 것으로 활동을 확장시켰다. 유아가 자신의 아이디어를 시험해 보며 즐거워하고 깊이 몰두하는 것을 보는 것은 큰 기쁨이었다.

2001년, 유아발달교육센터와 북아이오와 대학 사범대학은 3~8세 유아를 위한 프리버그 부속학교를 설립하였다. 프리버그 학교는 아이오와 주 워털루 시의 저소득 지역에 위치하였고, 85~92% 유아가 무상 배식을 받고 70% 이상이 흑인이었다.

2001년에서 2007년까지 프리버그 학교에서는 교사, 특수 교육자, 유아교육, 음악, 미술, 과학, 상담, 발달 심리, 미디어 분야의 전문가, 연구원, 대학원 조교, 행정가, 가족 고용원, 사무원이 한팀이 되어 구성주의 교육을 발전시키고 실제에 적용하기 위해 일했다. 경사로 활동은 유아를 위한 구성주의 과학 프로그램의 일부였고 교사 전문성 발달을 위한 교육의 일부였다. 구성주의 과학 프로그램에는 결국 물의 움직임, 공기, 소리, 회전, 비눗방울, 요리 등의 활동이 포함되었다.

> 경사로 활동에 관한 연구가 북아이오와 대학교 유아발달 교육연구원에서 계속될 수 있었던 것은 국립과학재단의 지원 덕분이었다. 더 많은 정보는 사범대학 웹사이트 www.uni.edu/coe/에서 볼 수 있다.

프리버그 학교의 유아들이 경사로 활동에 참여하는 것을 보면서 운동에 관한 물리는 유아만 배우는 것이 아니고 성인도 배우고 있음을 깨닫게 되었다. 유아는 우리를 놀라게 할 정도로 점점 더 복잡한 구조물을 만들었다. 유아가 발견하고 습득한 것을 와서 보라고 교사가 다른 사람에게 소리쳐 부를 때는 그 기쁨이 학교 내 전체로 퍼졌다. 시간이 지나면서 경사로 활동의 가치를 알게 되었고 이 활동에 대해 지역 내, 국내 또 국제적으로 경험을 나누게 되었다.

경사로에 대해 점점 더 배워가면서, 교사를 위한 책을 쓰기로 결정했는데 이는 경사로 같은 구성주의 물리과학 활동이 유아가 실제적 수준에서 힘과 운동에 대해 배우는 데 도움이 되고 나중에 이러한 과학적 아이디어를 개념적 수준에서 더 잘 이해하게 될 것임을 알리기 위한 것이다. 프리버그 학교에서 모의 프로그램을 실시하면서 초고를 완성한 것은 미국 교육부로부터 지원받은 연구비에 의해 가능했다. 수정본은 국립과학재단으로부터의 연구비 지원에 의해 이루어졌다. 또 같은 국립과학재단 연구비로 물리과학자인 로렌스 에스칼라다(Lawrence Escalada)를 초청하여 운동 법칙에 대한 우리의 이해를 넓힐 수 있었다. 이 책은 경사로에 대한 현장 연구 결과의 일부분을 제시하고 있는 것으로 이들 대부분은 프리버그 학교에서 실행된 것이다.

이 책에 관해서

이 책은 '경사로'라고 이름 붙인 빗면 길을 따라 구슬이나 다른 물체가 굴러가는 움직임에 관해 기술하고 있다.

이 책은 지난 40년 이상 개발해 온 구성주의 유아교육에 관한 전체적 연구에 일조하게 된다. 이 책은 *Physical Knowledge in Preschool Education*(Kammi & DeVries, 1978/1993)에서 시작되고 *Developing Constructivist Early Childhood Curriculum: Practical Principles and Activities*(DeVries 외, 2002)으로 계속되는 물리적 지식 활동을 확장한 것으로 구성주의 교실에서 유아와 교사가 함께 작업한 경사로 활동을 보여주고 있다. 독자의 이해를 도우려고 이 책은 경사로 활동의 실제 속에서 유아가 지식과 지능을 어떻게 구성하는지에 관해 피아제 이론을 통해 조명해줄 것이다. 또한 이 책은 교실 맥락에서 **교사가 어떻게 유아의 사고에 관해 생각하는지**를 보여주는데 이는 바로 구성주의 교수 접근의 한 뚜렷한 특징이기도 하다.

1장에서는 '구성주의' 교수 접근이 무엇을 뜻하는지 설명하였다. 여기서 경사로 활동 경험이 어떻게 지능과 지식 발달을 증진시키는지 논의하였다. 2장에서는 구성주의 물리과학교육에 관해 기술하였다. 3장에서는 유아가 경사로 활동을 하는 동안 운동 물리학에 대해 생각해 볼 수 있는 '지적 관계'에 초점을 두었다. 이런 활동에서 교사가 어떻게 유아와 상호작용을 해야 하는지에 관한 교수 원리는 4장의 주제이다.

이 책의 이론적 배경은 유아의 놀이와 실험의 중요성은 믿지만 놀이와 실험의 가치를 설명하는 데 어려움을 겪어 왔던 교사들에게 특히 유용할 것이다. 유아가 경사로 활동을 하는 것을 본 사람은 그들이 '단지 놀고 있다.'라고 생각할지 모른다. 유아 자신이 즐거워하니까 경사로 활동을 하는 것을 노는 것으로 생각할 수 있다. 하지만 유아가 경사로 활동에 흥미를 느끼며 집중하고, 목적을 가지고 있고, 지적으로 또는 정서적으로 몰입하고, 자신의 실수로부터 배우고 있음을 볼 수 있는데 이 모두는 바로 피아제(1948/1973)뿐 아니라 존 듀이(1913/1975)가 권고하는 효과적인 작업의 특징임을 알 수 있다. 사실 대부분의 사람이 놀이라고 일컫는 것을 피아제는 작업이라고 칭하고 있다.

이 책은 유아들과 경사로 활동하기에 대한 실제적인 제안을 하고 있지만 요리법처럼 그대로 따라 할 것을 제시하는 것은 아니다. 오히려 교사 자신의 교실에서 실제로 일어나는 실험을 고취하기 위한 내용을 찾아보기 바란다. 연구 모임에서는 교사 자신의 실험에 관한 토론의 초점을 위해 이 책을 사용할 수 있다.

마지막으로, 유아가 경사로 활동(다른 물리적 지식 활동이나 마찬가지로)으로부터 충분한 이득을 취하려면 시간과 경험이 필요함을 강조하고 싶다. 이 책에 나와 있는 몇몇 사례로 교사들은 유아의 경사로에 관한 지식이 빨리 발달되기를 기대하게 될지도 모른다. 하지만 그와는 반대다! 이 책의 사례 중 아주 복잡한 구조물을 만든 유아들은 수년간의 경험을 가지고 있다. 인내심을 가져야 한다. 유아 대부분은 힘이나 운동 등에서 똑같은 문제를 가지고 오랫동안 실험을 하고 나서야 그 현상에 관한 복잡한 지식을 구성한다. 많은 것을 짧은 시간에 바라면 유아가 자신의 부정확하거나 정확한 많은 아이디어를 실험하는 과정을 방해할 수 있다. 한편, 유아가 스스로 새로운 것을 시도하지 않으면 교사는 유아의 흥미를 자극하거나 더 나은 실험을 격려하기 위해 질문하거나 제안하거나 또는 도전하면서 개입할 수 있다.

1장에서 볼 수 있듯이 유아는 오직 자신에게 흥미 있는 문제를 해결하려고 노력하는 과정을 통해서만 물리적 세계에 관한 자신의 이해를 구성할 수 있다.

> "학생들에게 배울 것이 아니라 해볼 것을 주어라. 해보는 것은 생각하기를 요하여 자연적으로 배움이 일어나게 한다."
>
> – John Dewey, 철학자이며 교육 개혁가

경사로 자료

이 책에서는 경사로 길로 유아들이 특별히 흥미 있어 했던 넓이 4.5cm, 길이 30cm, 60cm, 90cm, 120cm의 좁고 긴 코브 몰딩 조각을 소개한다.

코브 몰딩. 코브 몰딩(역자 주: 천장 몰딩)은 건물 실내의 천장과 벽을 연결하는 모서리에 장식으로 사용되는 나무이다. 이 몰딩은 건축 자재를 파는 가게에서 구할 수 있다. 이 책에 나오는 코브 몰딩은 가운데 면이 약간 오목하게 파인 것이다. 다른 경사로 자료로는 에리카가 사용한 것 같은 플라스틱 빗물받이, 다양한 지름과 길이의 투명하고 유연한 튜브, 좁거나 넓은 코브 몰딩이 있다.

구성주의 접근에서 자료는 유아의 호기심을 이끌어 내어 그 자료로 무엇을 할 것인지에 대한 아이디어를 생각해내도록 고취할 수 있어야 한다는 점을 강조한다. 다방면으로 쓰일 수 있는 자료는 유아의 발달 단계를 불문하고 광범위한 연령층에(또는 성인까지) 흥미를 유발한다. 유아가 코브 몰딩을 가지고 경사로를 만드는 데 수년간 흥미 있게 몰두할 수 있는 것은 이 자료 자체가 점점 더 복잡한 구조적 도전을 하도록 하기 때문이다.

코브 몰딩은 쉽게 경사지게 놓거나 이어놓을 수 있다. 미끄럼방지용 고무 깔개를 작게 잘라 경사로의 연결 부위 바닥에 깔면 코브 몰딩을 고정시키는 데 도움이 된다.

적절한 공간. 경사로 활동은 대여섯 유아가 동시에 할 수 있는 충분한 공간을 요구하는데 유아가 만들고 있는 구조물의 대략적 크기에 따라 요구되는 공간이 정해진다. 프리버그 학교의 교사들은 유아가 주로 혼자 경사로 하나를 가지고 작은 공간에서 실험을 시작하는 것을 관찰했다. 유아는 서로 옆에서 나란히 경사로를 길고 곧게 만들어 갔는데 주로 경사지게 만든 길 하나에 붙여 다른 몰딩 몇 조각을 바닥에 평평하게 이어가며 만들기 시작했다. 그 후, 교사가 개입을 시도했을 때 좀 더 나이 많은 유아는 테이프로 둘린 경계 안에 다단계의 경사로를 만들었다(3장 사진 22 참조).

이 책에 제시한 것은 유아에게 책상 위나 아래, 선반 위, 또는 교실 주위의 가구 뒤와 같이 제한된 공간에서 경사로를 만들도록 하는 실험을 통해 이루어졌다. 이 공간 배열은 유아가 하루 이상 경사로를 만들고 구조물을 즐길 수 있도록 하기에 이상적인 것으로 나타났다. 이 구조물을 치워 정리해야만 하면 유아가 다시 구조물을 재건축할 수 있도록 사진을 찍었다.

변인. 유아가 실험해 보고 지적 관계(지식)를 구성할 수 있도록 기회를 주는 여러 변인으로 경사로의 각도를 조정할 수 있는 다양한 지지대, 경사로를 따라 움직일 수 있는 여러 가지 물체, 또 다양한 길이의 코브 몰딩이 있고 이를 포함하여 3장에서 논의한 **경사**, **연결 부위**, **목표물**, **경사로 설계** 등이 있다. 많은 교실에 이미 준비된 쌓기 영역의 블록은 코브 몰딩과 함께 사용되어 경사로 구조물을 만드는 데 쓰일 수 있다. 또 유아는 성인이 생각해내기 힘든 아이디어로 예를 들면, 교실 내 가구나 물체를 지지대로 사용하곤 한다. 대체로 유아는 무엇이든 손에 닿는 것을 사용한다. 프리버그 학교 유아들은 선반, 의자와 탁자, 그리고 심지어 서랍을 열어 지지대로 사용하였다.

* * *

추천할 자료는 끝이 없이 많다. 여기서 우리의 목적은 단지 교사가 유아들과 경사로 활동을 시작하고 이를 여러 방면으로 확장시킬 수 있도록 돕는 것이다. 창의적인 교사는 항상 유아의 지식과 이해를 심화시킬 수 있는 새로운 가능성이 있는 자료를 찾는다. 어떤 때는 유아 스스로 자신의 실험을 향상시킬 수 있는 물체를 교실에서 발견한다. 교사와 유아는 새로운 자료를 시도해 보거나 예전의 자료를 새로운 방법으로 사용해 보는 것에 흥미 있어 한다.

2

1

유아의 사고에 관한 생각

왜 '구성주의' 접근인가

구성주의 교육은 스위스 심리학자 장 피아제의 구성주의 이론에서 그 이름이 유래되었다. 피아제는 연구를 통해 유아는 자신이 이미 아는 것 이상의 경험을 통해서 물질세계의 지식을 적극적으로 구성해간다고 결론지었다. 피아제의 결론은 현재 유아교육 분야에 널리 받아들여지고 있다(예: Bredekamp, 1987; Bredekamp & Copple, 1997). 유아는 지식을 '구성한다'라는 말을 자주 한다. 본 장에서는 이 말이 무엇을 의미하는지, 특히 어떤 지식을 유아가 구성하고, 구성주의 교실 활동을 통해 어떻게 구성하는지 논의한다.

구성 과정

물리적 세계에 관한 지식을 '구성'한다는 것은 유아가 사물이 어떻게 움직이는지에 관한 자신의 초기 또는 즉각적 아이디어를 적극적으로 실험해 보고 다듬어 가는 것을 의미한다. 처음에 소개한 에리카의 이야기를 생각해 보자. 자갈 문제를 해결하려는 에리카의 노력은 구성 과정의 한 작은 예이다.

에리카는 쉐론을 관찰함으로써 쉐론의 빗물받이에 있는 자갈이 자신의 자갈보다 빠르게 움직이는 것을 알았다. 하지만 에리카는 자신의 자갈을 쉐론의 자갈처럼 움직이게 하는 방법을 몰랐다. 이를 알아내기 위한 적극적인 지적 노력으로 에리카는 자갈을 퍼서 쏟아내는 삽에 집중하고 있었다.

에리카가 교사에게 삽을 바꾸자고 제안한 것은 에리카가 이미 세상이 어떻게 작용하는지에 대해 어느 정도 지식을 구성했음을 보여 준다. 에리카는 다른 결과를 얻기 위해 현재 한 것과는 좀 다르게 뭔가를 해야 함을 정확하게 이해하고 있는 것이다. 에리카의 아이디어는 삽을 바꾸어야 한다는 것이고, 바로 자갈을 흘려보내는 데 사용하는 삽이 자갈이 빨리 미끄러져 내려가는 것에 영향을 미친다는 가설을 형성했다는 것이다. 에리카는 그 가설(틀린 것으로 삽은 자갈이 움직이는 속도에 전혀 영향을 미치지 않음)을 실험했다. 만족스럽지 못한 결과에 대해 납득하지 못한 채 에리카는 두 번째로 자신의 부정확한 가설을 실험해 본다. "선생님 삽을 써도 돼요?"

삽과 자갈의 움직임에 관한 가설은 에리카 자신이 만들어낸 것이다(아마 세계 최초일지 모른다!). 교사나 부모로부터 배운 것이 아니다. 그러면 어떻게 그 가설을 생각해낸 것일까? 단지 에리카의 사고를 짐작해 볼 수밖에 없다. 자신이 사용한 삽이 자갈에 닿아 있기 때문에 에리카는 자갈이 흘러내려 가게 하는 것은 삽의 문제일 수밖에 없다고 가정한 것이다.

유아의 지식 구성은 복잡하고, 적극적인 과정인데 세상에 관한 그들의 지식이 계속해서 변화하기 때문에 역동적이다. 어느 순간 유아의 이해는 부정확한 아이디어("바꾸어야 하는 것은 자갈을 떨어뜨리는 데 사용되는 도구이다.")뿐만 아니라 정확한 아이디어("자갈이 빨리 내려가서 결국 끝에서 떨어지도록 할 수 있다." 그리고 "다른 결과를 얻으려면 뭔가를 변화시켜야 한다.")를 포함하게 될 것이다. 유아의 지식 구성을 이해한다는 것은 교사가 교실 활동 맥락에서 유아가 어떻게 사고하는지를 알아내고자 시도하는 것이며 이것이 구성주의 교육의 뚜렷한 특징이다.

유아가 물리적 세계에 관해 지식을 구성한다는 증거는 유아가 물체와 물체의 현상에 대해 전혀 배운 적이 없는 생각을 해낸다는 것이다. 예를 들어, 경사로 활동을 하는 동안, 흔히 유아가 코브 몰딩을 바닥에 평평하게 놓은 후 구슬을 그 위에 올려놓고, 구슬이 움직일 것을 기대하며 바라보는 것을 관찰할 수 있다(사진 3 참조).

가설

어떤 아이디어를 시험해 보기 전에 무슨 일이 일어날 것인가에 관한 생각이나 가정

3 세스는 코브 몰딩이 수평이 되도록 놓았다. 세스의 얼굴 표정과 몸짓, 그리고 무엇인가 일어나기를 기다리는 표정을 볼 때 구슬이 저절로 움직일 것이라고 기대함을 알 수 있다.

유아가 물리적 세계에 관해 즉각적인 아이디어를 내는 것에 대한 또 다른 예를 살펴보자.

> 3세인 죠쉬는 구슬을 움직이기 위해 경사가 필요함을 아직 모른 채 단순히 구슬을 코브 몰딩에 올려놓고 구슬이 경사로를 따라 올라가도록 애쓰고 있다. 죠쉬는 경사를 180도로 돌려보는 등 다양한 가설을 가지고 여러 방법으로 구슬이 낮은 곳에서 높은 곳으로 굴러가게 하려고 노력하고 있다.
>
> 어느 날, 죠쉬는 거의 수평인 경사로의 끝에서 큰 구슬이 떨어지는 것을 보았다. 그런데 죠쉬가 작은 구슬을 가지고 시도해 보았을 때 구슬은 움직이지 않았다. 죠쉬는 의아해하면서, 다른 작은 구슬을 첫 번째 구슬 뒤에 하나씩 더해 긴 기차 모양처럼 만들었다. 아무 움직임이 없자 실망하면서, 죠쉬는 큰 구슬을 마지막 작은 구슬 뒤에 놓았다(이전에 움직였던 구슬이 이번에는 작은 구슬들을 움직일 것이라는 가설을 세우면서). 큰 구슬이 작은 구슬들을 밀어내는 데 실패했을 때 죠쉬는 많이 놀란 듯했다.

이러한 행동은 종종 물리적 세계에 관해 부정확하지만 유아 본래의 사고방식임을 보여준다. 이 부정확한 기대는 나이 많은 유아나 성인이 생각하는 것과 비교했을 때 유아는 독특한 방식으로 사고한다는 피아제의 결론을 뒷받침한다. 유아는 단순히 나이 많은 유아나 성인보다 **덜** 아는 것이 아니다. 차이점은 유아가 세상을 경험하면서 가지는 지식이 질적이나 양적으로 다르다는 것이다. 예를 들어 에리카는 빗물받이의 경사가 자갈의 움직임에 영향을 준다는 사실을 몰랐고, 스스로 삽이 자갈의 움직임에 영향을 준다고 부정확한 결론을 내렸던 것이다.

잘못된 개념의 표출

유아 사고에 관한 연구에서, 피아제와 다른 많은 심리학자는 유아는 물리적 세계가 어떻게 작용하는지에 관해 잘못된 개념을 가지고 있음을 발견하였다. 가끔 잘못된 개념은 유아가 물체의 작용과 반작용을 관찰할 수 없을 때 나타난다. 예를 들면, 피아제(1971/1974)는 첫 번째 구슬로 두 번째 구슬을 쳤을 때 일렬로 나열되어 있는 맨 나중의 구슬이 어떻게 해서 굴러가게 되는지에 대한 유아의 생각에 관해 연구하였다. 피아제는 유아가 마지막 구슬이 움직이는 것은 관찰할 수 있지만, 치는 힘이 첫 번째 구슬에서 두 번째 구슬, 두 번째 구슬에서 세 번째 구슬 등으로 연속하여 옮겨가는 것은 관찰할 수 없다는 점에 주목했다. 이런 힘의 내적 전이를 안다는 것은 유아가 눈으로 볼 수 있는 것 외에 힘의 전이가 일어나야 한다는 추론을 해야 한다. 하지만 유아는 그런 논리적 추론을 할 수 있을 만큼 지적으로 성숙하지 않다.

> **추론**
> 결론은 직접 관찰보다는 추론에 의해 일어난다.

눈으로 관찰할 수 없는 것에 관한 유아의 믿음을 인정하지 않을 수 없다. 예를 들면, 어떤 유아는(3~5세) 그림자는 영구적인 물체로 그림자가 보이지 않을 때는 자신의 내부에 들어가 있거나 방 밖에 나가 있다고 믿는다(DeVries, 1986; DeVries & Kohlberg, 1987/1990). 이와 유사하게 액체가 기체가 되는 기화현상을 볼 수 없기 때문에 많은 유아는 마술이 물을 사라지게 한다고 믿는다. 유아는 이 믿음을 실험해 볼 수 없고 어떤 결과가 발생하는지 시도해 볼 수도 없다. 따라서 유아는 그 믿음을 수정할 수도 없다(나중에 관찰할 수 없는 것에 관한 논리적 추론이 가능해질 때까지는).

이런 이유로 인해 유아가 물체를 움직이게 하거나 변화를 관찰할 수 있는 물리적 활동을 추천한다. 경사로 위에 구슬과 같은 물체를 가지고 실험해 보도록 격려할 때, 유아는 자신의 아이디어를 시험해 보고, 그 결과를 관찰하고, 그 관찰을 기반으로 결론을 추론할 기회를 갖는다. 예를 들면, 서론에서 에리카가 선생님의 삽을 사용해 약간의 경사진 빗물받이에 자갈을 부었을 때, 에리카는 어떻게 자갈이 움직이는지(또 움직이지 않는지) 확실히 관찰할 수 있었다. 또 에리카는 "삽을 바꾸면 자갈이 빨리 움직일 것"이라는 자신의 기대와 실제로 일어난 현상을 비교할 수 있었다.

유아의 기대에 맞지 않았을 때, 교사는 유아의 얼굴이나 몸짓에서 놀람, 어리둥절함 또는 실망함을 관찰할 수 있고, 또 그런 감정표현의 말을 들을 수 있다. 이러한 감정은 유아로 하여금 실험해 보거나 성공할 방법을 찾아보도록 부추길 수 있다. 물체가 기대하지 않았던 쪽으로 반응할 때(예를 들어 에리카의 자갈이 시끄러운 소리를 내거나 빠르게 빗물받이를 따라 내려가지 않았을 때) 그런 반응은 유아에게 실험에 몰두하게 하는 기반을 제공한다.

사실 구성주의 교사는 성인으로서 유아의 아이디어가 부정확하다고 생각할 때 이를 시험해 보도록 격려한다. 왜 그럴까? 유아는 물체에 관한 자신의 잘못된 아이디어와 관찰한 실험 결과 간의 모순을 경험할 것이기 때문이다. 물체의 반응을 관찰하는 것은 결국 유아가 자신의 잘못된 개념을 버리고 다른 아이디어를 시험해 보도록 한다. 이것이 에리카의 선생님이 에리카의 삽에 대한 아이디어를 바로잡아 주지 않은 이유이다. 오히려 쉐론 선생님은 에리카가 가지고 있는 부정확한 가설을 직접 시험해 보도록 협조했다. 교사가 유아의 독특한 사고를 존중하여 직접 시험해 보고 스스로 부정확한 아이디어를 개선하도록 할 때, 유아는 자신의 잘못된 개념을 더 잘 수정해 간다.

사회적 지식 대 물리적 지식

많은(비구성주의) 교육자들은 유아가 잘못된 개념을 가졌을 때 책임 있는 교사라면 무엇이 바른 것인지 보여 주거나 말해 주어야 한다고 믿는다. 하지만 구성주의 관점에서 그런 접근은 유아의 잘못된 개념이 사회적 지식과 연관되었을 때만 필요하다. **사회적 지식**이라는 용어는 임의적인, 다시 말해 사회가 단순히 어떤 것을 그런 것이다(예를 들면, "우리는 그것을 **블록**이라고 부른다." … "신년은 1월 1일이다." … "빨간 신호등은

멈춤을 의미한다.")라고 동의한 정보를 말한다. 서론에서 나온 매튜의 사건을 생각해 보자. 매튜는 **Hike**라는 단어는 럭비공을 다리 사이로 던지는 것만을 의미한다고 잘못 알고 있었다. 매튜 부모는 'Hike'가 "야외에서 장거리 걷기"라는 것도 의미할 수 있다는 사회적 지식에 관해 설명해 주었다.

피아제(1964; 1969/1970; 1971/1974)는 물리적 지식에 대해서도 언급했다. **물리적 지식**은 물체를 가지고 직접 실험해 보는 것을 통해서만 얻을 수 있는 물리적 세계의 지식을 뜻한다. 그래서 물리적 세계에 관해 단순히 보여 주거나 말해 주는 것은 흔히 유아에게 혼란스러움이나 혹은 이해되지 않은 단순 암기를 초래한다. 초등학교 1학년 구성주의 교사인 베스 밴 미터란은 "재능 있고 우수하다."라고 판명된 유아를 위한 여름방학 특강에서 몇몇 유아들이 **관성**과 같은 단어의 뜻을 암기하고 있었지만 지그재그로 이어지는 경사로 구조물을 만들고는 구슬이 첫 번째 모서리에서 길을 벗어나 튕겨나가는 것에 대해 깜짝 놀라는 것(사진 4 참조)을 경험했다.

4 사진에서 보는 나무공처럼 움직이는 물체를 보면서, 유아는 멈춰 있는 물체는 멈춰 있으려 하고, 움직이는 물체는 불균형적인 힘이 작용하지 않는 한 같은 속도와 같은 방향으로 움직이려고 한다는 뉴턴의 첫 번째 운동 법칙을 경험한다.

암기는 표준화 검사에 필요한 요구를 만족시켜줄 수 있다. 하지만 이는 교사로 하여금(그리고 유아 스스로도) 유아가 과학적 개념을 이해했다고 추정하도록 오도한다. 피아제는 그런 암기식 학습을 '학교 광택제'라고 부르며 이것이 유아가 정직하게 생각하는 것을 은폐할 수도 있다고 우려했다.

잘못된 개념의 가치

구성주의 교사는 유아의 생각을 가치 있게 여기고 유아가 자신의 실수적인 아이디어를 시험해 보도록 격려한다. 이는 획기적인 발상이기 때문에 많은 사람이 구성주의 교육을 오해하도록 만드는 측면이기도 하다. 잘못된 개념의 가치는 상식, 직관과 보여 주고 말해 주는 것을 통해 올바른 사실을 가르치는 전통적 접근과 상반된다. 피아제(1948/1973)는 아주 유명한 문구로 자신의 생각을 표현했다.

> 지적 교육의 목적은 이미 알려진 사실을 반복하고 유지하는 방법을 아는 것이 아니다(앵무새처럼 따라 하는 것은 반쪽의 진실밖에 되지 않는다). [목표]는 진정한 활동 속에 내재되어 있는 우회적인 길을 통과하느라 많은 시간을 잃을지도 모르는 위험을 무릅쓰면서 진실을 터득해 가며 배우는 것이다(105-106).

구성주의 교사의, 첫 번째 과제는 **협동적**인 분위기를 조성하는 것으로 이는 유아가 생각하는 방식과 새로운 지적 관계 형성에 의해 생각을 변형시켜 가는 방식을 존중하는 것이다.

유아의 아이디어가 옳든 그르든 존중될 때, 유아는 생각하고 실험하는 자신의 능력에 대해 자신감을 느낀다. 반대로 유아가 자신의 아이디어가 틀렸다고 들었을 때

- 모멸감을 느낄 수 있고 자신이 생각하는 것에 관해 다시는 말하지 않으려고 최대한 노력하게 될 것이다.
- 교사의 말을 믿지 않을 수 있고, 자신이 이치에 맞는다고 생각하는(부정확한) 아이디어를 혼자만 간직하고 있을 것이다.
- 교사의 말은 믿을지라도 이해를 못 하거나 그래서 올바른 혹은 수용적인 아이디어는 다른 사람에게서 찾아야 한다고 결론지을 수 있다.
- 자신이 좋은 아이디어를 갖는 것이 불가능한 존재라고 믿을 수 있고 따라서 쉽게 포기할 수 있다.

정서적으로 안전감과 자신감을 느끼는 유아는 기꺼이 솔직하게 자신의 생각을 나눈다(2장에서 더 다룰 것임). 이런 환경은 유아가 지속적으로 창조하고, 실험하고, 스스로 구성하는 자신의 지식을 수정해 가도록 격려한다. 피아제에 의하면, 물리적 세계에 대한 진정한 이해는 여러 해에 걸쳐 일어나는 생각하기에서의 '점진적인 정복'인 것이다.

지식과 지능의 구성

피아제는 지능이란 의미를 만들어 가는 기제로 이를 통해 개인이 자신의 경험을 조직해

가는 것이라고 정의한다. 유아가 지식을 구성한다는 단순한 사실을 넘어 구성주의 이론을 제대로 이해하기 위해서는 피아제가 구성주의 이론을 '지능 혹은 지식의 이론'으로 정의했다는 사실을 아는 것이 필요하다(Piaget & Garcia, 1983/1989, 184). '그리고'가 아니라 '혹은'이라는 단어를 사용함으로써, 피아제는 지능과 지식 두 측면이 개인의 경험에서 분리될 수 없음을 말하고 있다. 지능은 내용지식 없이는 사용될 수 없고, 내용지식은 지능에 의해 조직되어야만 하는 것이다.

따라서 구성주의자는 지능과 지식을 동전의 양면처럼 불가분의 관계로 간주한다. 교육자들이 흔히 가장 중점을 두는 내용지식(무엇)은 동전의 한 면일 뿐이다. 다른 한 면은 지능(지식을 지적으로 조직하기), 곧 배움의 역동적인 과정이다. 이 견해는 학습을 두 상호보완적 관점(지능적 관점과 지식적 관점)에서 고려한다. 다시 말하면, 개인이 한 관점을 구성하면 그 개인은 다른 관점도 동시에 구성한다.

지식의 구성

피아제의 이론에 따르면, 유아는 물체와 물체 현상에 관해 창조하고, 시험해 보고, 자신의 생각을 개선해 가면서 물리적 세계의 지식을 구성한다. 그 과정의 산물을 피아제는 지적 관계라고 부르는데 이는 어떤 것과 다른 어떤 것 간의 지적인 연계로 유아(그리고 성인)가 조직하기 위해 창조하고 그래서 자신의 경험을 이치에 맞게 만들어가는 것을 의미한다.

예를 들면, 유아는 구슬을 타일 위에서나 바닥에 깔린 카펫 위에서 굴려 보는 경험을 통해 바닥의 재질과 구슬이 경사로의 끝에서부터 이동하는 거리 간의 지적 관계를 만들 수 있다. 유아가 아마도 실제로 생각하는 것은 "표면이 매끄러운 타일에서는 구슬이 많이 굴러가고, 매끄럽지 않은 카펫 위에서는 구슬이 조금밖에 굴러가지 않는다."라는 사실일 것이다. 즉, 구슬은 표면이 매끄러운 바닥에서 더 멀리 굴러간다는 것을 안 것이다. 그 유아는 구슬의 움직임에 대한 뭔가를 배운 것(지식)이다.

다시 말해서 물리과학에서 지적 관계를 만든다는 것은 변인을 연결시키는 것인데 이 변인이란 변화를 가져올 수 있는 무언가를 말한다. 위 예에서는 재질과 거리가 변인이다. 즉, 유아는 구슬이 굴러가는 표면을 바꾸면 구슬이 굴러가는 거리가 변할 것임을 이해하게 될 수 있다.

이와 같은 이해(예를 들어 구슬의 움직임에 관한)가 바로 동전의 한 면인 지식으로 유아는 지적 관계의 형태로(재질과 거리 간의) 이를 구성한다.

지능의 구성

유아가 지식을 구성할 때 동시에 동전의 다른 면인 지능을 구성하게 되는데 지능이란 지식을 지적으로 조직하는 것이다. 즉, 지적 관계(예를 들어, 구슬의 움직임에 관해)를 구성하는 행위로 유아는 지식을 조직(분류, 서열화 등)하게 된다. 유아가 지적 관계를 더 많이 구성할수록 유아는 더 지능적이 되는 것이다.

이는 사람의 '지능 지수'는 유전되고 변하지 않는다고 가정하는 아이큐 테스트 설계에서의 지능의 정의와는 상반된다. 피아제의 이론(1975/1985)에서 지능은 머무는 것이 아니라 역동적인 과정이다. 유아가 점점 지적 관계를 더 많이 구성할수록 지능은 점점 더 강해지고 점점 더 내용지식을 조직할 수 있는 능력을 갖추게 된다.

따라서 구성주의 교사는 유아가 물리적 세계에 대해, 그리고 그 세계가 어떻게 작용하는지에 대해 갖는 독특한 사고를 가치 있게 여기고 격려하는 것이 단지 유아가 특정한 물리적 지식을 구성하도록 증진시키는 것이 아님을 안다. 자극적인 질문과 조언을 통해 유아의 지능 구성을 동시에 증진시키는 것이다.

3장에서는 피아제의 **지적 연계/관계**와 **변인**에 대해 더 설명하면서 유아가 경사로를 통해 구성할 수 있는 몇 가지 지적 관계에 대해 기술한다.

* * *

따라서 교사로서 구성주의자의 목적은 유아가 지식뿐 아니라 지능까지 더 많이 구성하도록 돕는 것이다. 물론, 구성주의 교사는 유아가 알아야 하고 할 수 있기를 바라는 사회의 요구에도 부응하는 교육과정을 개발해야 한다. 구성주의 교사는 유아가 생각하고 배우는 것을 존중하는 활동 속에서도 얼마나 많은 필수적인 지식이 포함되어 있는지를 보여 주기 위해 지도자적인 역할을 해야 한다. 다음 장에서 경사로는 이를 위해 우수한 활동임을 보여 줄 것이다.

Schedule
2002
1 January
2 February
3 March
4 April
5 May
6 June
7 July
8 August
9 September
Is Your Mama a Llama?
3 4 5 6 No school No school 9
10 11 12 13 14 15 16
17 18 19 20 21 22 23
24 25 26 27 29 30
beads
10
Faith
Imori
Danton
10:10 Activity Time
11:15 Circle Time
11:30 Lunch
11:50 Recess
12:20 Journal
1:00 Music/Story
1:25 Activity Time
2:00 Recess
2:15 Snack
2:45 Kindergym

2

구성주의 물리과학 하기

물리과학 하기를 위한 구성주의 접근의 주요 기반은 피아제 연구를 기초로 하는 이론으로 이는 유아가 어떻게 물리적 세계에 관한 지식을 획득해 가는지를 이해하도록 해준다. 비록 피아제 연구가 교육에 중점을 두지는 않았지만, 그의 이론은 "어떻게 새 지식이 획득되는가?"라는 모든 교육자의 근원적인 관심에 대한 답을 표명하고 있다.

1장에서는 피아제가 연구를 통해 내린 결론 중의 하나인 유아가 지식을 구성한다는 점에 대해 서술하였다. 유아는 내용지식만을 구성하는 것이 아니라 그 지식을 조직하는 지능도 구성한다. 이 장에서는 유아 교실에서 구성주의 교육 접근의 물리과학 하기에 영향을 준 피아제의 생각에 대해 더 기술한다.

피아제에 따르면, 유아는 강렬히 해결하고 싶은 문제에 직면했을 때나 당황, 호기심, 놀람, 좌절 등과 같은 감정을 경험할 때, 그리고 그런 강렬히 원하는 문제 해결의 장애 극복을 위해 지적이나 정서적인 작업에 몰입해 있을 때 배운다. 지식이나 지능을 구성하는 지적 연계(지적 관계)를 만드는 과정에서 배우는 것이다. 따라서 구성주의 교육자의 역할은 이 과정을 가능하게 만드는 환경을 유아에게 제공하는 것이다.

지적 관계

아이디어 간의 정신적인 연결로 유아가 세상에 관한 자신의 경험을 이해하기 위해 형성하는 것

구성주의 교육은 흥미, 실험, 협동의 세 가지 요소로 정의될 수 있다(DeVries & Kohlberg, 1987/1990). 흥미는 구성 과정을 이끌어 내고 유아가 생각하고 새로운 지식을 획득하도록 동기를 부여한다. 실험은 관찰할 수 있는 반응을 통해 유아가 물리적 현상에 대한 이해를 좀 더 완성해 가도록 이끈다. 협동은 유아의 지식과 지능의 최적 발달과 정서적, 사회적, 도덕적 면에서의 인성 발달에 필요한 사회적 분위기의 유형을 말한다.

흥미

피아제(1954/1981)에 의하면 흥미는 유아가 뭔가를 알아내고자(지식) 하고 동시에 좀 더 그것을 알아낼 수 있게 되는(지능) 과정의 '연료'이다. 유아는 흥미가 있을 때만 새로운 지식과 이해를 구성하는 데 필요한 에너지와 노력을 투자한다. 유아는 활동이 정서적으로나 지적으로 만족스러울 때 오랫동안 노력을 쏟는다.

피아제는 유아가 흥미에 완전히 몰입되어 있을 때 유아의 노력이 가장 생산적일 수 있다고 지적한다(이는 성인에게도 사실이다). 따라서 구성주의 교사의 도전은 어떤 현상, 아이디어, 자료 등이 유아를 가장 적극적으로 활동에 참여하게 하고 있는지를 알아

내는 것이다. 물리과학을 한 경험으로 미루어 보면 특히 경사로 활동은 유아(그리고 성인)에게 강한 흥미를 유도하고 무언가를 해결하고 싶은 욕구와 필요를 일으킨다.

다시 말해 피아제(1954/1981)의 정의와 인성 발달의 관점은 그의 지적 발달 이론과 통합된다(**정의**는 피아제에 의하면 감정을 포함한 뭔가 '정서적'인 것을 의미한다). 피아제에 의하면 모든 지적 관계는 지능과 지식(인지적 요소)에 더해 정의적 요소도 포함한다. 지적 관계의 정의적인 면 중의 하나가 흥미(예: 유아가 자갈을 어떻게 하면 빨리 경사로에서 내려가게 할 수 있는지 알아내기를 **원하는** 것)이다. 인지적인 면은 유아가 이해하는 것으로 "다른 삽이 필요해요."(틀림) 또는 "이 삽은 내 자갈을 빨리 내려가게 하지 않아요."(맞음)와 같은 것이다.

피아제에게 있어서 정의는 '자동차를 가동시키는 휘발유'(1954/1981, 5) 같이 지능이 의존하는 에너지의 원천이다. 정의는 지적 관계의 구성을 촉진하거나 방해할 수 있다. 특히 흥미의 강도는 에너지 분출의 조절 장치이다. 구성 과정에 관여된 감정의 범위에 관해서, 피아제는(1954/1981) 다음과 같이 적었다.

> 작업을 하는 동안 피곤, 노력, 지루함 등과 함께 기쁨, 실망, 열의와 같은 상태가 작동하게 된다. 이 작업이 끝날 때 유아는 성공이나 실패감을 느낄 수 있지만, 결국에는 자신의 해결을 위한 응집력에서 오는 심미적 느낌을 경험할 수 있다.(3)

따라서 피아제는 정의는 구성 과정에 주입되고 유아가 문제를 해결하는 데 있어서 성공과 실패에 영향을 미친다고 했다. 우리가 아는 것처럼, 자신감 있는 유아는(성인 또한) 성공하기 위해 기꺼이 인내하고 많은 노력을 투자한다. 좌절감과 화냄 같은 부정적인 감정조차 유아가 계속 노력하는 것을 단념하게 하지 않을 것이고, 오히려 유아가 더 많이 애쓰고 문제에 집중하도록 동기를 부여할 수 있다. 반대로, 열등감과 무관심한 감정은 유아가 할 수 있는 능력이 있어도 문제 해결을 위한 노력을 방해하는 요인이 될 수 있다.

> 5세 쉐론다는 구슬이 자꾸 경사로 구조물에서 튕겨져나갈 때 좌절감으로 울고 포기한다. 쉐론다의 실패감은 교사의 도움으로 조절되고 집중하게 되기 전까지 그가 경사로 구조물을 변경할 수 있다는 생각을 막아버린다. 교사의 도움으로 성공한 후, 쉐론다는 자신감을 얻고 성공과 새롭게 이해한 것에 대해 기쁨을 느끼고, 열의를 가지고 다시 새롭게 경사로 활동을 한다.

구성주의 교사에게 이러한 아이디어는 교육과정을 계획하는 데 있어, 사실상 하루일과의 모든 면을 계획하고, 실행하고, 평가하는 데 있어 상당한 영향을 준다. 교사는 활동 유형과 자료, 가능한 개입을 포함하여 교육과정을 결정할 때 유아가 얼마나 흥미 있어 할지를 예상하며 고려한다. 활동을 실행하는 과정에서 교사는 활동에 대한 유아의 흥미와 정서적 투자 정도를 평가한다.

교사가 제공한 자료나 유아가 문제를 해결하도록 격려하는 교사의 개입과 같은 외적 자원에 의해 유아의 내적 흥미가 야기될 수 있다.

> 3세반의 교사는 유아들이 긴 직선 길에 흥미를 잃어가는 것을 알아챘다. 그래서 교사는 각각의 유아에게 작은 양동이를 주고 다음과 같이 질문한다. "이 양동이 안에 구슬이 굴러서 들어갈 수 있도록 만들 수 있겠니?" 그 질문을 받은 즉시 유아의 흥미가 되돌아왔다.

구성주의 교사는 이런 외적 권유가 유아의 내적 흥미로 연결되는지 관찰한다. 예를 들면, 유아가 아무런 변화 없이 같은 경사로 구조물을 며칠간 계속해서 가지고 논다면, 교사는 다음과 같이 질문할 수 있다. "구슬이 교실 저 끝까지 굴러가게 만들 수 있겠니?" 또는 "구슬이 경사로 위쪽으로 가게 할 수 있겠니?"

또 교사는 유아가 활동에 도전을 받는지 안 받는지 관찰한다. 활동이 너무 쉬우면 유아는 새로운 지적 관계를 만들지 않는다. 활동이 너무 어려우면 유아는 너무 부담이 되어서 그 내용에 관한 지적 관계를 만들 수 없고 오히려 그 내용과 잘못됐다는 느낌의 관계를 맺을 수도 있다("이 구슬은 경사로를 따라가지 않아요. 어떤 것을 생각해야 할지 모르겠어요. 경사로가 너무 싫어요!").

실험

물체로 실험하는 것(예: 물체에 여러 방법으로 작용을 가해 보는 것)은 물리적 지식을 구성하는 지적 과정에 필수이다. 실험은 불가피하게 예상했던 대로 결과가 나오지 않는 많은 노력을 포함한다. 피아제(1975/1985)는 실험을 이끄는 지적 과정을 **평형**이라고 칭했다.

다음은 평형의 과정을 설명하고 또한 그 과정을 이해하는 것이 얼마나 유아가 지식을 구성해 가는 방법을 이해하는 데 도움을 주는지에 대해 묘사한다.

평형

평형은 지적 발달의 과정을 나타내기 위해 피아제가 만든 용어이다(1975/1985). 유아는 물리과학을 하면서 뭔가를 어떻게 하는지(예: 자갈이 경사로에서 빨리 내려가게 하는 것) 알아내기 위한 실험의 과정에 있게 된다. 또 다른 식으로 표현하자면, 평형은 새로운(맞든 틀리든) 지적 관계를 만드는 과정이다.

평형은 불확실한 순간, 즉 불평형을 포함한다. **불평형**의 하나는 실제로 일어난 일이 유아가 기대했던 것과 다를 때 초래된다. 예로, 유아는 흔히 두 개의 경사로를 직각으로 연결하고 구슬이 그 모서리를 돌아 굴러가기를 기대한다. 하지만, 구슬은 옆 사진에서 보는 것처럼 계속해서 직선으로 굴러간다.

유아는 그의 예상이 맞지 않았을 때, 지적인 면과 동시에 정서적 면에서 불평형을 경험하게 된다. 지적인 부분의 불평형은 유아가 자신의 예상과 결과가 모순된다는 것을 알아차릴 때 일어난다("어, 구슬이 모서리를 돌아가지 않네?"). 정서적인 부분은 유아가 예상치 않은 결과로 인해 당황함, 좌절, 또는 놀람을 느낄 때 일어난다. 불평형의 경험은 미미할 수도 또는 강할 수도 있다. 유아로 하여금 해결책을 찾도록 동기를 부여하는 것은 이 불평형의 불편함이다("그건 내가 일어나기를 바란 것이 아닌데…. 어떻게 저 모서리를 돌아서 굴러가게 할 수 있지?").

유아는 실수로 드러난 그의 아이디어를 시험해 볼 때마다 관찰된 결과에 근거해 다음에 어떤 시도를 할지 결정한다. 유아는 여러 가능성 있는 시도를 해 보기도 하고, 다양한 실수를 범하기도 하면서 그때마다 구슬이 어떻게 굴러가는지 관찰한다. 우리는 이런 과정을 **실수에 근거한 실험(error-informed experimentation)** 이라고 부른다.

> 새로운 평형에 이를 때마다, 유아는 자신이 아는 것(내용지식)을 변화시키고, 그 내용을 **지적**으로 더 잘 **조직**하게 된다(지능이 좋아짐).

실수에 근거한 실험을 통해, 유아는 어떻게 구슬이 굴러가고 어떻게 모서리가 이루어져 있는지에 대한 유아의 이해를 반영하는 지적 관계의 네트워크를 구성하게 될 수 있다. 유아는 잠깐 평형을 이루기도 한다. 유아가 새로운 문제에 직면했을 때, 그 평형은 새로운 불평형에 의해 파괴되고, 또 새로운 평형에 도달하게 된다. 이런 식으로 유아는 점점 더 복잡한 경사로 구조물을 만드는 데 필요한 다양한 측면에 대해 보다 완전한 이해를 향해 나아가게 된다. 이렇게 점점 더 나은 이해로 유아는 잠재적인 문제를 피할 수 있고, 언젠가는 구슬이 모서리를 돌아 굴러가고, 한 부위에서 다른 부위로 떨어지고, 위쪽으로 굴러가는 등의 경사로를 만들 수 있게 된다.

이렇게 불평형과 평형, 다른 불평형의 과정이 계속되면서 모든 학습이 습득된다.

가끔 불평형이 너무 강해서 유아가 문제를 유기해 버리는 경우가 있다. 유아는 자신의 기대에 대한 모순에 대해 그 결과를 수용하지 않고 똑같은 행동을 반복하는 반응을 보일 수 있다. 마치 에리카가 서론에서 했던 것처럼 말이다. 그러한 유아는 뭔가 새로운 것을 시도해 보기로 하기 전까지는 새로운 지적 관계를 만들지 못한다.

때로는 평형이 너무 빨리 와서 불평형을 느낄 수조차 없을 때가 있다. 예로 한 유아가 자신의 구슬이 첫 번째 경사로 끝에서 모서리를 돌아 두 번째 경사로로 가는 대신 직진으로 날아가는 것을 보자마자 첫 번째 경사로 끝에 블록 하나를 즉시 놓았다. 방향을 바꾸는 물건으로 블록이 필요함을 깨달았음은 그 유아가 방향을 바꿔 주는 블록, 두 경사로 연결 부위, 그리고 구슬의 움직임 간에 새로운 지적 관계를 아주 빨리 구성했음을 보여준다.

물리적 지식 활동

1장에서 언급했던 것과 같이, 물리적 지식은 물체와 그 현상과의 물리적 경험을 통해서만 얻을 수 있는 물리적 세계에 관한 지식이라고 피아제는 말한다. 유아가 어떤 행동을 물체에 가하고 그 물체가 어떻게 반응하나 관찰할 때, 유아는 그 물체를 가지고 무엇을 할 수 있을지 발견하게 된다. 물리적 지식의 원천은 물체 그 자체이다. 공이나 정육

면체를 굴려보면서 유아는 공은 구르지만 정육면체는 밀린다는 사실을 배운다. 다양한 공을 떨어뜨려 봄으로써 유아는 공이 튕긴다는 것을 배운다. 경사로 활동은 물체의 **움직임**, 즉 물리학과 관련된 물리적 지식 활동의 범주에 속한다.

유아의 물리적 지식을 향상시키기 위해서 구성주의 교사는 유아가 실험하고 물체의 반응으로부터 배우도록 격려한다. 예를 들면 실험을 통해 유아는 구슬이 주로 경사로 아래쪽으로 굴러간다는 것을 배울 수 있다. 『물리적 지식 활동』(Kamii & DeVries, 1978/1993) 책에서 예를 들면, 한 유아가 크기가 다른 공으로 목표물을 쓰러뜨리려고 조준하고, 분수를 만들기 위해 페그보드 위에 배열된 바닥과 옆 구멍의 컵에 물을 붓고, 머핀을 만들고, 또는 밀가루와 기름을 섞어 반죽을 만든다. 이런 활동에서 유아는 물체에 직접 관심이 사로잡혀 물체의 세계와 물체의 현상이 어떻게 작용하는지 알아낼 수 있다.

구성주의 교사는 유아가 진짜 과학자처럼 **과학적 방법**을 사용하면서 자발적이고, 실수로 가득하며, 또 그 실수로부터 배우는 그들의 실험을 존중한다. 하지만 여기서 물리적 지식 활동을 추천하는 이유는 과학적 방법 자체의 가치 그 이상이다. 피아제의 연구와 이론, 그리고 우리의 현장 연구는 물리적 지식 활동이 유아의 지식과 지능 구성에 도움이 된다는 것을 보여 준다.

좋은 물리적 지식 활동은 특정한 반응이 일어나도록 하기 위해 유아가 어떻게 해야 할지를 알아내도록 흥미를 유도한다. 유아가 실험하고 새로운 지적 관계를 만들도록 최적의 기회를 제공하기 위해서는 다음의 요건을 충족해야 한다.

- **생산성**: 자신의 행동으로 인해 '무슨 일'을 만들어 낼 수 있어야 하고

화학

물리적 지식 활동의 두 번째 범주로 물체의 변화에 관한 것.

과학적 방법

1. 물리적 현상 관찰하기
2. 질문하기/문제 정의하기
3. 가설 세우기
4. 문제 해결을 위한 실험하기/가설 검증하기
5. 실험 결과 관찰하기/분석하기
6. 결론 내리기

진짜 과학자처럼, 경사로 활동을 하는 유아는 가설을 만들고, 검증하고, 실수로 가득하지만 그 실수에 근거하는 실험 결과를 관찰하고, 자신의 가설이 맞는지 틀리는지 결론내린다.

- **즉각성**: 물체에 어떤 행동을 가하자마자 '무슨 일'이 일어나야 하고
- **관찰성**: 뭔가 일어난 일을 볼 수 있어야 하고
- **변화성**: 자신의 행동을 변화시키면서 물체의 반응 속에서 변화를 만들어 낼 수 있어야 한다(Kamii & DeVries, 1978/1993).

경사로 활동은 위 요건을 모두 충족한다.

구성주의 교사는 유아가 과학적 원리를 이해하지 못하더라도(할 수 없어도) 유아가 무슨 일이 일어나게 만드는 방법을 알아내도록 도와주는 데 초점을 맞춘다. 다시 말하면 경사로 활동을 하는 유아가 기계적 원리를 이해하지 못한다는 것은 알지만 어떻게 구슬을 위쪽으로 굴러가게 하고, 모서리를 돌아 멀리 가게 할 수 있는지를 알아내도록 도움을 줄 수 있다.

피아제에 따르면 지식의 발달은 점진적으로 진화한다. 처음에 유아는 한 효과를 만들어내기 위해 "어떻게를 알게" 될 수 있다. 즉, 피아제가 만든 용어인 **실제적** 지식을 구성할 수 있다("이 구슬이 굴러가게 하기 위해서는 이 경사로의 끝을 들어올려야 해요."). 나중에 유아는 '왜를 알게' 되는 즉, **개념적** 지식("중력 때문에 구슬이 낮은 곳으로 굴러가요.")을 가질 수 있게 된다. 따라서 유아 교사는 경사로 위에서 구슬의 움직임과 관련된 실제적 노하우를 알아내도록 돕는 데 중점을 둔다.

실제적 지식 대 개념적 지식

경사로를 사용하여 유아에게 운동을 가르칠 때, 교사는 실제적 단계의 지식과 개념적 단계의 지식의 차이점, 즉 어떻게 하는 것을 아는 것과 왜를 아는 것 사이의 차이점을 아는 것이 중요하다. 피아제는 (유아의) 행동의 성취(실제적 지식 또는 '어떻게를 아는 것')와 그 개념화(왜를 아는 것) 간에 "주목할 만한 시간의 지연"을 발견한 그의 연구(1974/1976, 102)에 기초하여 이를 설명한다.

그의 연구에서, 피아제는 물체의 운동에 관한 완전한 개념 이해는 11세 또는 12세 때까지 발달되지 않음을 발견했다(모든 유아는 아니지만). 따라서 유아가 개념적 단계에서 물리를 이해하고 설명하기를 기대하는 것은 합리적이지 않다. 그러나 유아가 운동에 관한 실제적 이해를 구성한다면 이는 후에 개념적 이해를 위한 준비 작업을 하는 것이다.

피아제의 업적에 기초하여 프리버그 학교의 물리교육과정은 유아가 물체의 움직임에 관한 실제적 지식을 구성하도록 격려했다. 에리카는 교사가 제공한 자료로 실험하여 결국에는 경사로의 기울기와 그 위에 놓인 물체의 움직임 간에 관련이 있다는 실제적 지식을 구성할 수 있었다. 하지만 4세의 나이로 에리카는 **중력**, **마찰**, **원심**, **경사로**의 **각도** 등 과학적 개념을 이해할 수는 없었다. 이러한 과학적 용어를 완전히 이해하기 위해서는 개념적인 지적관계의 복잡한 네트워크를 구성해야만 할 것이다.

따라서 구성주의 교사는 과학적 개념에 전조가 되고 우선되는 실제적인 지적 관계를 구성하도록 유아를 돕는 데 중점을 두어야 한다. 예를 들어 유아는 경사로의 기울기와 구슬이 굴러간 거리 간에 실제적인 지적 관계를 구성할 수 있다. 즉, "구슬은 내가 경사로 한 쪽을 들어 올렸을 때 교실 끝까지 멀리 굴러가요."

유아는(성인도) 개념적 단계에서 물리적 현상을 이해할 수 있기 전에 먼저 실제적 단계에서 물리적 현상에 대해 **생각**해야 한다. 그래서 실제적 단계에서 유아가 관찰할 수 있고, 그것을 가지고 뭔가를 산출하고, 실험을 통해 변화시킬 수 있는 것(Kamii & DeVries, 1978/1993)에 중점을 둔다.

협동

구성주의 교육의 세 번째 요소는 협동적인 사회도덕적 분위기이다. 피아제(1932/1965; 1954/1981)는 최적의 지능과 지식의 발달, 그리고 인성의 정서적, 사회적, 도덕적 발달을 위해서 필요한 사회적 맥락의 한 유형으로 협동을 든다.

사회도덕적 분위기는 유아 간 그리고 교실과 프로그램 혹은 학교에서 성인과 유아 간에 일어나는 모든 대인관계로 구성된다. 협동적인 사회도덕적 분위기에서 유아는 안전하게 느끼고, 교사에게 '확실히 애착'되고, 자유로이 적극적인 지적 활동을 한다.

상호존중의 맥락

이 목표를 이루기 위해서 구성주의 교사가 해야 할 첫 번째 일은 상호존중의 사회도덕적 분위기를 수립하는 것이다(DeVries & Zan, 1994; DeVries & Zan, 1995). 유아를 통제하고 강압적으로 대하는 것과 반대로 상호존중한다는 것은 유아가 교사를 존중하기를 기대하는 것뿐만 아니라 교사가 개개인의 유아를 존중하는 것을 뜻한다. 상호존중의 목표는 다른 사람의 입장을 고려하고, 다른 사람의 느낌, 욕구, 아이디어를 고려하는 것을 배우는 것이다. 특히 교사가 유아의 생각하는 방식과 새로운 지적 관계를 만들기 위해 사고를 변형시켜가는 방식을 존중하는 것을 의미한다.

협동 대 강압

피아제는 성인-유아 관계를 협동과 강압(통제)의 두 가지 유형으로 구분한다. 많은 사람은 협동을 지지하고 강압을 비난하는 것이 유아가 하고 싶은 모든 것을 하도록 허락하는 것이라고 오해한다. 우리는 허용을 지지하지 않는다. 피아제에게 있어서 협동은 유아가 사고하는 방식과 그들이 사고를 변형시켜가는 방식을 존중하는 '적극적인 교육'에 꼭 필요한 특징이다. 구성주의 교사는 유아의 사고를 촉진시킴으로써 물리적 세계에 관한 사실뿐만 아니라 다른 사람을 대하는 방식에 관한 도덕적 가치와 신념을 구성하도록 도울 수 있다.

유아와 협동한다는 것은 구성주의 교사가 유아를 불필요하게 통제하는 것을 삼가는 것을 의미한다. 구성주의 교사의 목표는 일어날 수 있는 외부적 통제를 최소화하면서 유아의 내적 통제를 촉진하는 것이다. 어떻게 이것이 실제로 이루어지는가 하는 것은 교사가 유아들과의 상호작용에서 상당한 성찰을 요하는 주제가 된다.

구성주의 교사는 유아에 대한 불필요한 통제를 피하지만 성인의 외적 통제가 필요할 때도 있다. 이런 경우 유아에게 그 이유를 강조하고 왜 그래야만 하는지를 단호하지만 화내지 않으면서 설명하는 것이 중요하다. 단호함과 화냄을 구분하는 데 어려움을 갖는 교사는 자신의 감정 상태, 몸과 얼굴 표현, 그리고 목소리 톤을 점검해 보면 도움이 될 것이다. 구성주의 교사는 항상 유아가 어느 정도 자기 통제를 하도록 돕기 위해 노력해야 한다.

각주: 상호존중에 관한 문헌 참조: *Constructivist Early Education: Overview and Comparison with Other Programs*(DeVries & Kohlberg, 1987/1990) 그리고 *Moral Classrooms, Moral Children: Creating a Constructivist Atmosphere in early Education*(DeVries & Zan, 1994).

협동적 교사-유아 관계는 유아가 자유롭게 실험하고, 부적당한 감정 없이 자유롭게 실수를 범하고, 교사와 또래 친구들에게 자신의 생각을 자유롭게 나누는 환경을 조성하는 데 중추적인 역할을 한다. 통제적이고 강압적인 교사는 유아의 행동과 사고를 위축시킬 수 있다. 따뜻하게 개별 유아를 받아들이고, 유아가 하려고 시도하는 것에 진심으로 관심을 가지고 동감하는 태도가 꼭 필요하다.

이는 경사로와 같은 물리과학 활동에서 1장에서 논의된 것처럼 유아가 실수적인 아이디어를 시도해 보는 상황에서 중요하다. 유아의 생각이 옳든 그르든 존중된다면 유아는 자신의 생각하는 능력과 실험하는 능력에 자신감을 느낀다. 교사는 유아의 사고를 이해하기 위해 관찰함으로써 유아를 존중한다. 예를 들어 1장과 본 장에서 우리는 세스가 수평인 경사로 위에 놓인 구슬이 움직이기를 끈질기게 기다리는 것을 보았다. 세스가 그 구슬이 경사로 위에서 움직이기를 기대한다는 것은 세스의 행동을 관찰하면서 명백히 알 수 있다.

유아를 존중하는 교사라면 세스의 다음 행동을 기대한다. 세스가 그 활동을 그만두려고 한다면 교사는 구슬을 움직이게 하려면 어떤 것을 변화시켜야 하는지에 관한 생각을 격려하기 위해 애쓸 것이다. "구슬이 어떻게 움직이기를 바라니?" 또는 "구슬을 움직이게 하려면 어떤 것을 바꾸면 되겠니?" '바꾸다'라는 단어의 사용은 유아로 하여금 자신이 해보지 않았던 것을 시도해 볼 가능성이 있다는 것을 알려준다. 세스가 계속해서 실험을 한다면, 교사는 어떤 개입도 하지 않거나 세스 옆에 머물면서 세스의 행동에 관심이 있다는 것을 보여줌으로써 정서적으로 지지할 수 있다. 한 활동에서 교사가 함께한다는 것은 유아가 하고 있는 것이 가치가 있다는 것을 말해준다. 교사는 "너에게 또 다른 아이디어가 있구나." 또는 "가끔은 아주 많은 아이디어를 시도해 보아야 네가 원하는 결과를 얻을 수 있어." 등과 같은 말을 교사가 해 줄 수 있다.

구성주의 교사는 유아가 교사를 동반자나 안내자로 생각하도록 하는데 이는 성인이 모든 것을 다 아는 '우월한 자' 혹은 '전문가'로 여기지 않게 하는 것이다. 교사는 다음과 같이 다양한 방식으로 유아에 대한 존중을 표현할 수 있다.

- 학급 회의를 열어 교실이 어떤지, 또는 어땠으면 좋겠는지 토의하고 평가할 수 있다.
- 적절한 사항에 대해서는 유아가 교실 진행과 교육과정에 관해 결정하도록 허락한다.
- 유아가 문제를 방지하고 해결하는 데 필요하다고 느끼는 것에 대해 토의하고 규칙을 만들도록 격려한다.
- 책에서 읽었거나 또는 교실에서 일어난 다른 사람과의 문제에 관해 토론하는 시간을 갖는다.
- 다른 사람의 관점을 이해하면서 자신의 갈등을 해결하는 것을 목표로 유아를 갈등 해결에 참여시킨다.

이러한 활동은 *Moral Classrooms, Moral Children*(DeVries & Zan, 1994)[역자 주 『유아를 위한 사회 도덕성 교육』(이은화·이경우·곽향림 옮김, 창지사, 1997)] 책에 기술되어 있다.

구성주의 교실의 맥락

물리과학을 위한 구성주의 교실의 맥락은 상호존중의 특징을 구현한다.

구성주의 교사는 자유선택 활동시간에 역할놀이, 책읽기, 그룹게임, 그림 그리기, 얘기 듣고 따라 하기, 악기 연주하기, 그리고 물리적 지식 활동으로 진자추로 과녁 맞히기, 분수 만들기, 비눗방울 만들기, 바람으로 물체 움직이기, 물체 돌리기, 블록 쌓기, 요리하기 등의 활동을 유아가 선택하도록 한다.

또한 교사는 특히 공동체를 형성하고 사회도덕적 발달을 촉진하는 활동을 고안한다 (DeVries & Zan, 1994).

문학, 수학, 사회 같은 교육과정 영역 또한 중요한 것으로 이는 구성주의 교육의 첫 번째 요소인 유아의 흥미로부터 발생한 주제와 프로젝트에 흔히 통합된다. 예를 들면, 경사로 구조물 사진이나 그림을 이용하여 유아가 무엇을 했는지 얘기하거나 쓰도록 하고, 그 이야기를 책으로 묶어서 교실에서 계속 즐길 수 있게 한다.*

나이 든 유아(역자 주: 초등학교 1, 2학년을 의미한다.)를 위해서 구성주의 교사는 소그룹으로 책을 돌려 읽거나 유아가 물리과학 활동에 대해 적어 보도록 고무하는 작가 워크숍 시간을 운영할 수 있다. 이 소그룹 활동시간에는 물리과학 내용에 연관된 사회와 수학에 관한 읽기나 쓰기가 일어날 수 있다.

* * *

유아를 위한 많은 교육과정은 구성주의 접근의 여러 면을 공유하지만 차이점은 실행에서 나타난다. 특히 구성주의 교사는 유아에게 내용(과학, 언어, 문학, 그리고 다른 여러 과목)을 가르칠 뿐만 아니라 유아의 지능과 도덕성 발달을 가르치기 위해 계획한다.

3장에서는 물리과학 활동을 통해 구성주의 교사가 어떻게 유아의 지능을 증진시킬 수 있을지 생각해본다.

---

* 더 많은 정보는 다음 책에서 볼 수 있다. *Engaging Children's Minds: The Project Approach*(Katz & Chard, 2000). *Young Investigators: The Project Approach in the Early Years*(Helm & Katz, 2011), 그리고 *The Power of Projects: Meeting Contemporary Challenges in Early Childhood Classroom-Strategies and Solutions*(Helm & Beneke, 2003). 이 세 저자의 연구가 우리의 연구에 영향을 주었다.

3 유아가 구성할 수 있는 지적 관계

1장에서 기술한 것과 같이 경사로 같은 물리적 지식 활동을 하는 원리는 유아가 그런 활동의 물리적 현상에 관해 점점 더 많이 알게 될수록 지능이 점점 더 발달한다는 것이다. 즉, 2장에서 설명한 평형 과정을 통해 유아는 자신이 아는 것을 변화시켜가고 내용 지식을 **지적으로 조직**하는 것을 더 잘하게 된다. 가장 기초적인 단계에서 개개의 평형은 지적 관계를 창조하는 과정으로 지식 혹은 지능이 만들어지는 '재료'이다.

지적 관계는 유아가 주변 세계에 대한 경험으로부터 의미를 만들기 위해 구성한 머릿속의 연결이다. 예를 들면, 경사로 활동에서 유아가 구성할 수 있는 실제적인 지적 관계의 하나는 경사로의 기울기와 구슬이 경사로 끝에서 굴러간 거리와의 관계이다("이 경사로 끝을 높게 만들수록 구슬이 더 멀리 굴러가요").

물리적 지식 활동에서 유아의 지능으로는 물체에 행해진 자신의 행동에 근거한 지적 관계의 네트워크 속에서 실제적 지식을 조직할 수밖에 없다. 지적 관계의 계속적인 수정을 통해 아동은 직접 관찰할 수 있는 것을 초월하여 생각하고, 추론하고, 나이 든 아동에게서 볼 수 있는 개념적 물리 지식을 향해 나아갈 수 있게 된다.

지적 관계의 두 측면

1장과 2장에서 설명했듯이, 피아제(1952)에 의하면 모든 지적 관계는 두 가지 측면, 즉 내용지식 측면과 지능의 측면을 가지고 있다.

첫 번째 측면은 유아가 블록이나 구슬, 그리고 코브 몰딩 같은 것을 가지고 실험하는 것을 통해 구성하는 특정한 **내용지식**이다. 유아는 무슨 일이 일어나는지 보고, 어떤 특정한 것이 일어나도록 시도해 보고, 또 무슨 일이 어떻게 일어났는지 연구하면서 물체의 움직임에 관한 지적 관계를 형성한다. 예를 들면, 구슬이 모서리를 돌기에 적당한 속도를 내도록 경사로의 기울기를 조절하는 과정에서 유아는 운동 물리학에 관한 현상의 실제적 지식을 구성하게 된다.

그런 실제적 지식은 나중에 개념적 이해, 즉 운동 법칙이 어떻게 작용하는지를 알게 되는 기초가 된다. 즉, 유아의 경우에 목표는 실제적 단계에서 운동에 관한 지식을 구성하는 것이다.

두 번째 지적 관계의 측면은 **지능**으로 피아제는 이를 어떤 특정한 내용을 조직할 수 있는 일반적인 지적 행동으로 정의한다. 다시 말해, 지능은 한 개인이 어떤 종류의 내용

뉴턴의 운동 법칙

1. 정지해 있는 물체는 계속 정지하려 하고 일정한 속도로 움직이는 물체는 계속 그렇게 움직이려 한다.
2. 갑작스럽거나 불균형한 힘이 물체에 가해지면 그 물체는 가속의 경험을 한다.
3. 모든 행동에는 작용과 반작용이 있다.

지식에라도 지적으로 뭔가 할 수 있는 것을 말한다.

피아제는 분류나 서열같이 내용지식을 조직하는 일반적인 방식에 대해 논의하였다. 분류는 유사점과 차이점의 특징에 따라 그룹 짓는 것을 의미한다. 예를 들어 "큰 구슬과 작은 구슬, 둘 다 굴러가요!"의 예에서, 구슬의 크기는 다르지만 움직이는 방식은 같다. 서열은 순서에 관한 것이다(예: 길이가 짧은 것에서부터 길이가 긴 것까지, 작은 것에서부터 큰 것, 줄의 처음과 끝, 이야기의 시작과 끝). 또 서열은 짧은 것에서부터 긴 것의 순서에서 세 번째는 두 번째보다는 길다는 것을 의미하는 동시에 네 번째보다는 짧다는 것을 의미한다.

즉, 어느 특정한 내용도 분류될 수 있고, 어느 특정한 내용도 서열화될 수 있다. 어느 내용지식도 그런 지적 활동에 의해 조직될 수 있다. 경사로에서 유아는 파란 구슬이 빨간 구슬보다 멀리 굴러갈지, 또는 무거운 구슬이 가벼운 구슬보다 더 멀리 굴러갈지(분류에 의해 조직하는 것)에 관해 생각할 수 있다. 유사하게 유아는 구슬을 점점 더 높은 경사 위에서 굴러가게 하거나 점점 더 멀리 굴러가도록 하는 것에 대해 생각할 수 있다.

유아는 경사로 활동을 하면서 내용지식의 조직을 가능하게 하는 지능을 구성한다는 것을 인식하지는 않는다. 유아는 단순히 구슬이 자신이 원하는 길로 굴러가게 하는 것만 의식적으로 노력한다. 유아의 지능 구성이 진보한다는 증거는 그들의 행동에서 볼 수 있다.

예를 들어 유아는 흔히 경사로 지지대를 높게 해서 구슬을 멀리 굴러가게 하는 것을 볼 수 있다. 즉, 경사로를 점점 더 경사지게 만들 때마다 구슬이 더 멀리 굴러가는 것을 경사로는 하나 혹은 그 이상의 코브 몰딩 조각으로 이어져 그 위에서 구슬이나 다른 물체가 이동하는 경사진 길이다.

보고 환호할 때 유아가 어떻게 서열관계를 형성하는지 관찰할 수 있다. 한 유아의 지적인 힘(지능)은 그 유아가 점점 더 지적 관계를 만들면서 계속해서 경험을 조직해 갈 때 증가한다.

교사가 경사로 같은 구성주의 활동에서 지적 내용을 배운다는 것은 지능이 향상한다는 것(유아가 적극적으로 내용을 조직할 때)과 상호관련 된다는 것을 안다면 유아의 지적 관계 구성을 촉진하기 위한 강력한 교수 원리를 갖게 되는 것이다.

변인과 지적 관계

유아는 경사로 활동을 하면서 자신의 아이디어를 시도해 보고, 해결하고 싶은 문제에 직면하고, 어떻게 그 문제들을 해결할지 고민하는 등 많은 지적 관계를 구성할 기회를 갖는다. 지금부터 3장의 마지막까지 경사로의 변인에 관해 유아가 구성할 수 있는 지적 관계에 대해 기술한다.

- **경사로** – 경사가 있는 좁은 길
- **지지대** – 코브 몰딩의 높임을 받쳐주는 것
- **물체** – 길을 따라 이동하는 물체
- **연결부위** – 몰딩의 한쪽 끝 부위와 다음 시작 부위
- **목표** – 경사로 끝에서 물체가 맞힐 수 있는 어떤 것

변인

좋은 물리적 지식 활동의 한 특성은 변화성이다. 변인이란 변화될 수 있는 어떤 것이다. 경사로의 변인으로는 경사로 기울기의 정도, 두 경사로를 연결시키는 방법, 경사로를 따라 움직이는(또는 정지한) 물체의 크기, 모양, 무게 등이 있다.

유아는 종종 여러 변인을 동시에 변화시킨다. 예를 들면, 구슬이 멀리 굴러가게 하고 싶을 때 한꺼번에 경사로를 바닥 표면이 다른 곳으로 옮기고, 지지대에 블록을 첨가하고, 다른 구슬을 사용한다. 그 결과로 구슬이 이 모든 변화를 주기 전보다 더 멀리 굴러갈 수 있을지 모른다. 문제는 어떤 변화가 구슬을 멀리 가게 했는지 알지 못한다는 것이다.

따라서 하나의 변인의 효과를 관찰하기 위해서는 그 외 다른 변인은 변화시키지 말고 그대로 두어야 한다.

이는 교사는 유아가 변화시키는 변인이 무엇인지 알고 유아가 그 결과의 원인을 알아차리도록 돕는 조언을 해야만 한다는 것을 의미한다. 예를 들어 유아가 구슬을 이전보다 멀리 굴러가기를 원한다면 교사는 "경사로 꼭대기 아래에 그냥 블록 하나만 놓으면 무슨 일이 일어날지 궁금하네."라고 말할 수 있다. 그리고 그 변경한 것의 결과를 관찰한 후, 교사와 유아는 무슨 일이 일어났는지 얘기해 볼 수 있고, 블록 하나를 더 놓아볼 수도 있다. 이런 식으로 교사는 유아가 스스로 생각해내지 않았을 변인에 초점을 맞추도록 돕는다.

- **경사로 설계** – 유아가 경사로를 한 조각 이상으로 창조하고 지어가는 구조물

다음에 각 변인에서 유아가 그 변인을 염두에 두고 구성할 수 있는 지적 관계의 몇 가지 예를 든다.

경사

경사 변인이 포함된 문제를 해결하는 것은 유아에게 다음과 같은 지적 관계 구성의 기회를 제공한다.

- 경사의 기울기와 물체의 움직임 간의 지적 관계(사진 3, 8)
- 경사의 기울기와 경사로 끝에서부터 구슬이 굴러가는 거리 간의 지적 관계
- 일련의 서로 다른 경사와 경사로 아래로 굴러가는 일련의 물체의 속도 간의 지적 관계(사진 8)
- 내려가는 경사로의 각도 중 위로 올라가는 경사로가 만나는 부분의 각도와 다음 경사로 위로 구슬이 올라가는 거리 간의 지적관계(사진 8)

유아는 경사로를 만들 때 자신이 구슬을 밀지 않아도 구슬이 움직이게 하려면 경사가 필요하다는 것을 곧 깨닫는다. 경사로 활동 초기에 유아는 사진 3에서 세스가 한 것과 같이 수평으로 놓인 코브 몰딩에 구슬을 올려놓고 구슬이 움직이기를 기대하는 것을 자주 볼 수 있다. 구슬이 수평으로 놓인 경사로에서 움직이지 않을 때 기대감과 실제로 일

7 올리비아가 자신이 만든 경사로 끝부분에 앉아서 구슬이 경사로를 따라 최고 지점까지 굴러 올라가게 하고, 또 한 코브 몰딩에서 다른 코브 몰딩으로 점프해서 가도록 실험하고 있다. 올리비아는 내리막길의 경사 각도, 오르막길의 경사 각도, 구슬이 최고 지점을 따라 굴러 넘어가는 움직임 간의 지적 관계를 만들어 가고 있다.

8 로라와 카니샤는 내리막길 경사를 이례적인 방식으로 변화시켜 구슬이 그 속도에 따라 첫 번째 경사로를 내려가다 두 번째 경사로를 올라갈 수 있는 실험을 하고 있다. 이들의 목표는 구슬이 두 번째와 세 번째 경사로 간의 간격을 뛰어넘도록 하는 것이다.

어난 결과 간의 **모순**으로 인한 놀람의 감정은 유아로 하여금 세스의 경우에서와 같이 계속해서 실험해 보도록 동기를 부여한다.

대부분의 유아는 경사를 만들어야만 함을 깨닫는다. 즉, 유아 대부분은 경사로의 기울기와 경사로에 놓인 물체 간의 지적 관계를 구성한다. 유아가 일단 경사진 꼭대기에 구슬을 놓으면 밀지 않아도 구슬이 움직인다는 것을 이해하고 나면 몇몇 유아는 그 지식을 사용하여 구슬을 최대한 멀리 굴러가게 하려고 애쓴다. 유아는 경사로 한쪽을 올리거나 내리고(경사에 변화주기) 구슬이 얼마나 멀리 굴러가는지 관찰한다. 이런 식으로 유아는(지지대의 높이로 인한) 경사의 가파름과 구슬이 이동한 거리 간의 지적 관계를 이해하게 된다(이는 사실 두 가지 서열화의 협응으로 유아가 **높이, 더 높이, 제일 높이**라는 경사의 가파름과 **멀리, 더 멀리, 가장 멀리**라는 구슬이 이동한 거리를 의식적으로 생각할 때 일어난다).

어떤 유아는 구슬의 속도를 변화시키기 원할 때 경사를 변화시켜야만 한다는 것을 경험에 의해 알아차린다(가파름과 속도 간의 지적 관계). 이 지적 관계의 구성은 유아로 하여금 기울기를 달리한 여러 경사로에 따라 속도가 달라지는 것을 관찰하는 실험을 하도록 한다.

구슬이 경사로의 교차지점에서 다음 경사로 간의 간격을 뛰어넘는 것에 유아는 흥미를 느낀다. 문제는 구슬이 처음 경사로를 너무 빠르게 내려오면 다음 경사로를 이탈하게 되고, 너무 천천히 내려오면 간격 사이를 건너뛸 수 없게 된다는 것이다. 구슬의 속도를 줄이고 올리는 실험은 유아로 하여금 속도를 조절하는 구조물과 구슬의 움직임 간의 지적 관계를 만들게 한다.

지지대

지지대 변인과 문제를 해결하는 것은 유아에게 다음과 같은 지적 관계 구성의 가능성을 제공한다.

- 한 경사로의 양끝 간의 지적 관계(사진 9)
- 지지대의 종류나 배열과 구조물의 안정성 간의 지적 관계(사진 10)

처음에 유아는 경사로가 떨어지지 않고 안정적이 되게 만드는 방법을 모른다. 사진 9a에서, 엘렌은 경사로 위쪽 끝이 선반 지지대에서 미끄러지는 것을 무시하고 아래쪽 끝에만 관심을 둔다. 경사로가 바닥으로 떨어질 때의 좌절감은 경사로의 양끝 간의 지적 관계를 구성하도록 유도할 수 있다(이것은 피아제가 말하는 탈중심화의 예로 어떤 것의 한 면에만 주의를 기울이는 것에서부터 벗어나 다른 면도 동시에 고려하게 되는 것이다).

유아는 지지대의 불안정성에 관한 결과에 자주 직면한다. 예를 들어 유아는 길고 좁은 블록을 경사로 교차지점의 지지대로 사용하려 한다. 이 불안정한 지지대가 계속해서 넘어질 때, 유아는 자신의 기대와는 상반되는 결과를 맞게 된다. 이로 인해 유아는 어떻게 좀 더 안정적인 구조물을 만들지 연구할 필요성을 느끼게 된다.

구조물이 점점 더 복잡해질수록 단순한 구조물을 안정적으로 지탱했던 지지대가 더 이상 그 역할을 할 수 없게 될 수 있다. 이것은 유아들이 좀 더 적합한 지지대를 찾아보도록 동기를 준다. 지지대의 자료와 배열의 실험을 하는 과정에서, 유아는 이전에 구성했던 지적 관계를 좀 더 적합한 지적 관계로 수정해 간다.

물체

물체 변인과 관련된 문제를 해결하는 것은 유아에게 다음과 같은 지적 관계 구성의 기회를 제공한다.

- 물체의 속성 간의 지적관계, 즉 무게, 크기 등의 면에서 물체의 비교
- 물체의 움직임에 관한 특성 간의 지적 관계, 즉 어떻게 서로 다른 물체가 경사를 내려가는지에 대한 비교(굴러감, 미끄러짐)
- 물체의 특성(무게, 크기)과 경사를 따라 움직이는 속도 간의 지적 관계

이 책에서는 유아가 경사로 활동에서 주로 구슬을 사용한 것을 기술했다. 하지만, 우리는 구슬 외에도 축받이 쇠구슬, 탁구공, 플라스틱 야구공, 작은 고무와 나무 공 등 다양한 구형태의 물체들을 사용했다. 또한 다양한 크기와 무게의 구, 특히 구슬과 축받이 쇠구슬을 사용했다.

a

b

9 처음에, 엘렌은 경사로 위쪽이 스스로 지탱하지 못하고 미끄러짐에도 불구하고 경사로의 끝부분에만 집중하고 있다(a). 마침내 엘렌은 경사로의 두 끝부분 간에 지적 관계를 구성하여 경사로를 안정적으로 만들 수 있었다(b).

10 세스와 조나가 자신들의 경사로를 안정감 있게 만들기 위해 다양한 종류의 블럭을 사용하여 여러 방법으로 배열하고 있다. 이들은 여러 종류의 지지대 사용과 안정감 및 불안정감(분류)을 위해 고심하고 있다.

연결부위

연결부위 변인과 관련된 문제를 해결하는 것은 유아에게 다음과 같은 지적 관계 구성의 가능성을 제공한다.

- 경사로 부위가 겹치는 방향과 구슬의 지속적인 움직임 간의 지적 관계(사진 11)
- 연결부분의 각도(직선, 각 지게)와 구슬이 경사로를 따라 계속해서 움직일지 아닐지에 관한 지적 관계(사진 17)
- 연결되는 경사로 부위에 의해 형성된 정확한 각도와 구슬이 경사로를 따라 계속해서 움직이는 것 간의 지적 관계

계속적인 움직임과 관련해 지적 관계를 이해하는 것은 특히 이 장 마지막에 제시된 복잡한 구조물을 만드는 데 있어 중요한 열쇠가 된다. 유아가 코브 몰딩을 가지고 여러 부분의 경사로를 만들기 시작할 때 각 부분 간의 연결에서 계속성의 중요성을 생각하지 않는다(사진 14).

유아가 코브 몰딩 조각을 연장하기 시작할 때 문제가 발생한다. 일반적으로 유아가 한 조각을 경사로에 첨가할 때 두 번째 조각을 첫 번째 조각 끝 위에 올려서 겹쳐 놓는다. 따라서 구슬이 움직이기를 멈춘다.

성공적인 연결부위를 만들기 위해서는 유아가 경사로에 장애물이 없어야 한다는 것을 예상하여야만 한다. 이 공간적 이해를 하는 유아는 처음 조각의 끝을 들어서 새로운 조각이 처음 조각의 아래로 가게 내려놓아야 경사로가 됨을 안다(사진 11b). 다시 말해 이런 유아는 겹치는 방향과 구슬의 계속적인 이동 간의 지적 관계를 만드는 것이다.

a

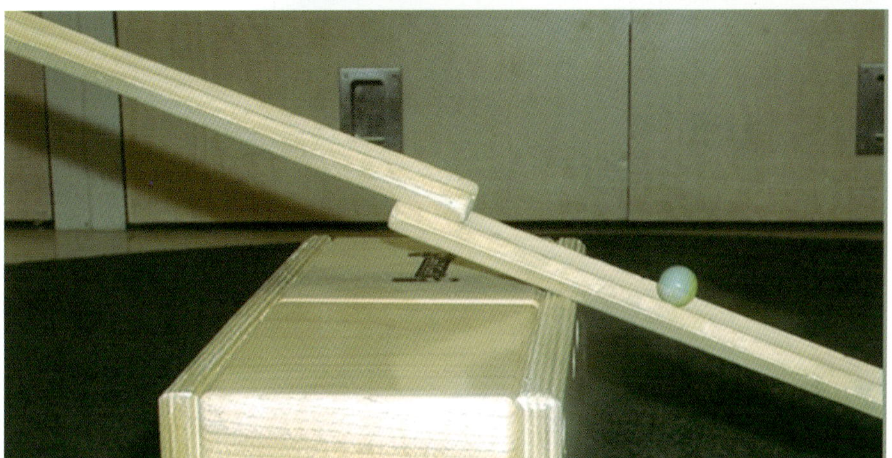

b

11 구슬이 잘못 놓인 연결 부위(a)에 얼마나 빠르게 부딪히느냐에 따라서 구슬이 멈출 수도 있고 경로를 벗어날 수도 있다.
성공적인 연결(b)은 구슬이 계속해서 굴러가도록 한다.

12 처음에 3세인 네이트은 자신이 만든 연결부위(다음 경사로를 아래에 놓는 대신 위에 올려 놓음)가 구슬을 멈추게 할 것이라는 것을 예상하지 못한다.

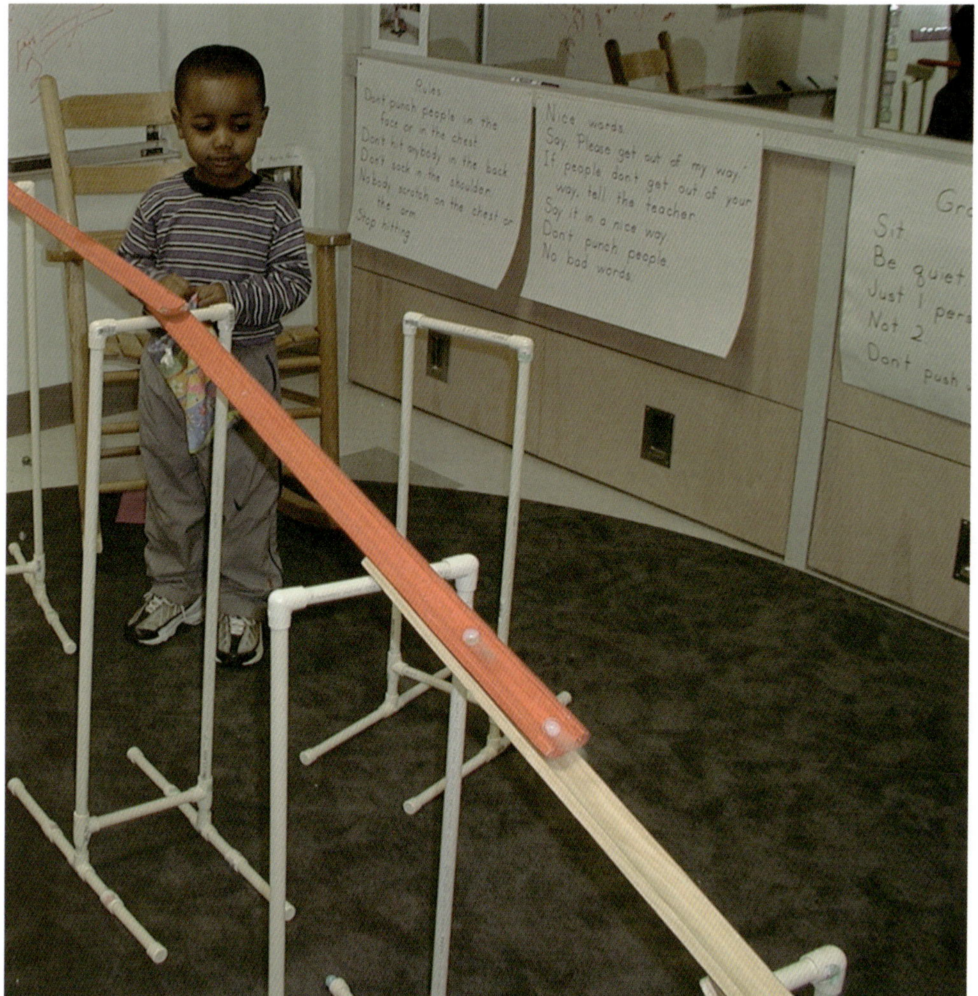

13 그 학년 말쯤, 네이튼은 자신이 만든 여러 성공적인 연결부위로 이루어진 경사로를 구슬이 부드럽게 굴러가는 것을 보고 있다.

14 어떤 유아는 경사로 간의 부위를 연결해야 한다는 필요성을 전혀 예상하지 못한다. 조나는 연결되지 않은 부위 사이에서 자신의 차가 멈추는 것을 보고 깜짝 놀란다.

목표물

목표물에 내재된 변인에 관한 문제를 해결하는 것은 유아로 하여금 다음과 같은 지적 관계를 구성할 기회를 제공한다.

- 목표물을 놓아두는 지점과 구슬의 움직임 간의 관계(사진 15)
- 경사의 급함과 구슬이 목표물을 맞히는 힘 간의 관계(사진 16)
- 구슬을 굴리는 지점과 목표물을 놓아두는 지점 간의 관계(사진 15와 16)

어떤 유아는 컵, 상자, 양동이 등을 경사로 끝에 놓아두고 구슬이 들어가도록 하는 것을 즐긴다. 이는 구슬이 들어갈 정확한 지점에 놓아두어야 하기 때문에 '목표물'이라고 말할 수 있다. 사진 15는 구슬이 들어가도록 하기 위해 양동이를 정확한 지점에 목표물로 놓아둔 것을 보여준다.

경사로 설계

경사로, 거리, 그리고 성공적인 연결부위에 관한 지적 관계를 이미 구성한 유아는 점점 더 복잡한 경사로 구조물을 만든다. 경사로 설계의 변인과 관련된 문제를 해결하는 것은 유아에게 다음과 같은 지적 관계 구성의 가능성을 제공한다.

- 구슬이 경사로의 모서리를 돌아가도록 '튀어 날아가는' 배열의 부분 간의 지적 관계

(사진 17, 19, 21, 23)

- 한 물체를 경사로의 위쪽에서 아래쪽으로 내려가게 할 때 경사로의 한 끝과 다른 끝 간의 지적 관계
- 지지대 지점, 그 위에 올려 진 경사로, 구슬의 무게, 그리고 구슬이 떨어지는 경사로 부분 간의 지적 관계(사진 20)
- 구조물을 위한 마루 공간 영역과 경사로 설계 간의 지적 관계(사진 18, 19, 22, 23)

이러한 좀 더 복잡한 구조물은 문제에 도전하게 해준다. 여기서 보여 주는 복잡한 구조물을 발명한 유아는 초등학교 1, 2학년생으로 이 경사로 활동을 3년간 해왔다.

* * *

본 장에서 설명한 지적 관계는 유아가 경사로 활동에서 구성할 수 있는 약간의 가능성이 있을 뿐이다. 철저한 리스트일 뿐이고 변인에 의해 나뉜 것은 인위적인 것이다. 사실, 전체로서 복잡한 경사로 구조물은 다양한 변인을 통합하는 많은 상호 협응적인 지적 관계의 네트워크를 반영한다.

본 장에서 취할 수 있는 중요한 메시지는 유아가 더 많은 지적 관계를 구성할수록 다음 상황에 지적인 힘을 더 많이 가져올 수 있다는 것이다. 이것이 피아제가 지적 관계의 구성이 지능과 지식을 동시에 구성하는 것이라고 주장하는 이유이다. 구성주의 교사는 유아가 구성할 수 있는 지적 관계와 관련하여 생각하는데 익숙해질수록 더 쉽게 지적인 구성을 촉진하는 방식으로 유아의 실험에 개입하게 될 것이다. 그래서 유아가 좀 더 지적으로 많은 것을 알 뿐 아니라 좀 더 지능적이 되도록 도울 수 있을 것이다.

15 6세인 헤릭이 경사로를 따라 내려오는 탁구공이 자신이 조심스럽게 놓아 둔 양동이 속으로 날아 떨어질 것인지 주의 깊게 지켜보고 있다.

16 윌리엄은 경사로의 기울기를 조절하여 구슬이 충분한 힘으로 첫 번째 도미노를 넘어 뜨려서 연쇄반응으로 모든 도미노세트가 넘어질 수 있게 했다.

a

b

17 유치원생인 자이온은 구슬이 모서리를 돌아 굴러가는 방법을 궁리하고 있다.

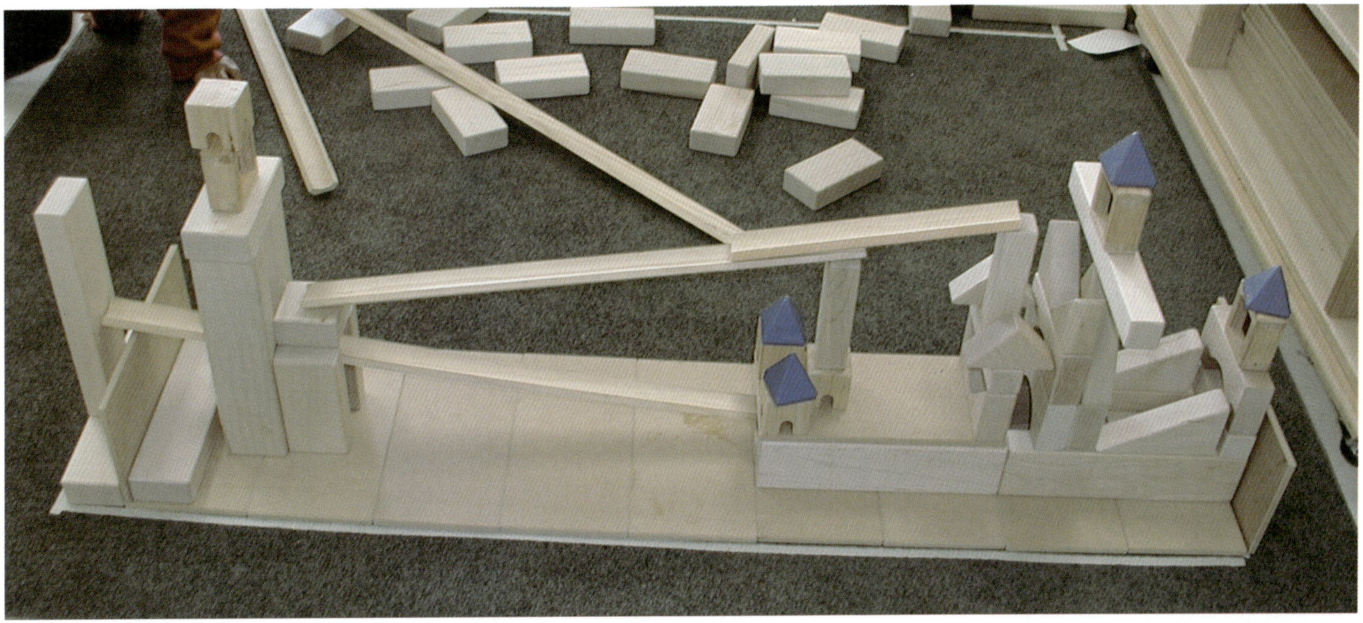

18 한 초등학교 1학년생은 경사로 배열을 통해 구슬이 두 기둥 사이를 날아 한 층 아래로 떨어지게 하였다.

19 1학년 올리비아는 2개의 수직 강하지점을 자신의 경사로에 첨가하였다.

20 한 초등학교 2학년생은 삼각 지지대 꼭짓점에 올려놓은 경사로와 두 개의 낙하지점을 가진 복잡한 구조물을 만들었다.

21 2학년 케안트레가 구슬이 한 쪽에서 다른 쪽으로 얼마나 멀리 점프할지 알아냈다. 이 디자인에서 구슬은 탑 구조물의 바깥 쪽으로 점프한다. 그런 후, 구슬이 옆에 있는 선반과 블록에 맞고 튀어나와 구조물 안으로 다시 들어가는 시스템을 만든다. 케안트레가 아직은 진행하고 있어서 다음 아래층과 경사로 끝을 어떻게 연결할지 해결하지 못했다. 실수에 근거한 실험의 훌륭한 예로, 케안트레는 이 구조물을 만드는 동안 자주 여러 지점에서 구슬을 놓아 굴려보았다. 케안트레는 관찰한 결과에 따라 다음 부분을 어디에 놓을지를 조정하였다.

22 2학년 카니샤와 케안트레(사진에는 없음)가 좁은 한정된 공간에 많은 경사로 조각을 사용하여 구조물을 만들어야 하는 교사의 도전에 대응하는 방법을 찾아냈다.

23 2학년 타냐가 구슬이 자신이 만든 복잡한 나선형 사각 구조물을 통과하는 것을 보고 있다. 구조물의 각 모서리 안에서의 낙하가 구슬이 경사로를 따라 내려가면서 직각의 모서리를 돌게 하는 힘을 제공한다.

24 이 평범하지 않은 경사로 구조물(1.5미터가 넘는) 전체는 유닛 블록으로만 만들어졌다. 확대된 오른쪽 사진을 보면 구슬이 한쪽에서 다른 쪽으로 떨어지면서 바닥까지 나아가도록 얼마나 조심스럽게 쐐기모양의 조각들이 놓였는지 보여준다. 이 사진에는 나와 있지 않지만, 이 구조물 제일 밑에는 구슬이 터널을 통과하여 바닥으로 나온다.

4

교수 원리 10가지

유아와 경사로 활동하기

피아제는 일반적으로 그리고 특히 경사로 활동을 하는 동안 유아와 어떻게 함께 할 수 있는지에 대한 개념을 고취시켜 준다. 피아제는 "능동적인 방법이란… 배워야 할 각각의 새로운 진실이 그냥 전달되는 것이 아니라 유아에 의해 재발견되게 하거나 적어도 재구성하도록 할 것을 요구한다."고 지적한다(1948/1973, 15-16). 또한 피아제는 멘토로서의 교사의 역할을 강조한다.

> 기획자로서 교사는 유아에게 유용한 문제를 제시할 상황을 창조하고 새로운 장치를 구성하기 위해 꼭 있어야만 한다. 교사는 말로만 하는 강의자가 되어서는 안 되고 또한 미리 만들어진 결론을 전달하는 것에 만족해서도 안 된다. 대신 교사는 처음 시작과 연구를 자극하는 멘토의 역할을 해야만 한다(16).

다음 10가지 교수 원리는 유아가 어떻게 생각하고 어떻게 제일 잘 배우는가에 관한 피아제의 일반적 아이디어를 해석한 것이다. 이 구성주의 원리는 유아의 지식을 강화할 뿐 아니라 추론의 힘(예: 지능)을 증진시키기 위한 지적 관계의 구성을 촉진하기 위해 대단히 중요한 목적을 가지고 개발되었다.

10가지 원리

1. 자료를 가지고 실험하면서 도전과 배움의 기회 경험하기
2. 경사로와 같이 마음이 끌리는 자료를 소개하면서 유아의 흥미 고무하기
3. 유아가 아이디어를 품어 보고 어떻게 해야 할지 궁리해 볼 수 있는 환경 조성하기
4. 유아가 자신의 아이디어를 시도해 보도록 허락하기
5. 유아의 추론을 이해하고 평가하기 위해 유아의 행동 관찰하기

1. 자료를 가지고 실험하면서 도전과 배움의 기회 경험하기

유아에게 경사로를 소개하기 전에 교사는 자료가 얼마나 흥미 있는지, 경사와 연결 부위 등 여러 가지 변인을 인지하고, 어떤 지적 관계를 유아가 구성할 수 있는지를 이해하기 위해 직접 실험해 볼 필요가 있다.

교사가 실험해 볼 때 교사는 자신을 위한 도전적 문제를 만들어 볼 수 있고, 유아가 가질 수 있는 감정을 경험할 수 있다. 예를 들면, 교사는 활동에 관해 흥분할 수 있고, 새로운 가능성에 관해 궁금해할 수 있고, 가설을 세우고, 결과를 관찰하기 위해 가설을 시험해 볼 수 있다. 또한 교사는 예상하지 않았던 결과를 관찰했을 때 불평형을 경험할 것이고 새로운 지식(새로운 지적 관계)으로 이끄는 평형의 과정을 거치게 될 것이다.

직접 실험을 해 본 교사는 유아를 돕기 위한 가능한 개입(질문, 제안, 도전 등)을 보다 효과적으로 계획할 수 있다.

2. 경사로와 같이 마음이 끌리는 자료를 소개하면서 유아의 흥미 고무하기

모임 시간에 교사는 구슬이 놓인 코브 몰딩 한 조각을 평평한 바닥에 놓고 다음과 같이 질문할 수 있다. "어떻게 하면 이 구슬이 움직이도록 할 수 있을까? 아이디어가 있니?" 유아 대부분은 많은 아이디어를 가지고 있다. 교사는 유아가 생각하는 것을 직접 해 보도록 요청함으로써 자신의 생각을 나누고 싶어 하는 유아를 인정해 줄 수 있다.

가끔 유아는 구슬을 입으로 불거나 손으로 미는 아이디어를 내곤 한다. 그때 교사는 다음과 같이 말할 수 있다. "밀거나 입으로 불지 않고 구슬을 움직이게 하는 방법을 생각해 본 사람이 있니?" 유아가 아무 아이디어가 없으면, 교사는 "나에게 아이디어가 있어."라고 말하고 코브 몰딩의 한쪽 끝을 들어 구슬이 굴러가게 할 수 있다. 이 활동은 경사가 무엇을 할 수 있는지와 이 자료가 어떻게 사용될 수 있는지를 알려준다.

유아가 아이디어를 낼 때마다 교사는 가능한 한 빨리 이를 활동으로 이끌어야만 한다. "많은 사람이 시도해 보고 싶은 아이디어가 있구나. 이 경사로를 자유선택 활동시간에 내어 놓을 테니 너희 모두가 아이디어를 시도해 보렴." 너무 많은 유아가 한꺼번에 경사로 활동을 원하면 교사는 복잡함을 피할 수 있도록 순서표를 만들어 모든 사람이 차례대로 하도록 제안할 수 있다.

교사는 활동시간에 테이블이나 공간적 여유가 있는 바닥에 단순한 경사로 구조물을 만들어 놓는 식으로 경사로 활동을 소개할 수 있다. 대개 유아는 교사가 활동에 참여할

10가지 원리

6. 유아의 생각(지적 관계 구성)을 격려하기 위해 질문과 코멘트로 개입하기
7. 유아가 개입에 대해 반응하지 않으면 더 추구하지 않기
8. 경사로에 관한 표상 활동과 토론을 통해 유아의 구성활동 지지하기
9. 모든 교과과정 영역을 경사로 활동에 통합하기
10. 사회적 상호작용 격려하기

때(그리고 구슬이 경사로를 따라 굴러 내려가 테이블 끝까지 가거나 그릇에 떨어지는 것을 보고 흥미 있어 한다.) 호기심을 갖게 되고, 교사는 경사로 구조물 만드는 방법을 시범 보일 수 있고, 유아 편에서 도움이 되도록 큰 소리로 궁금해할 수 있다. "내가 구슬을 양동이로 받을 수 있을지 궁금하네." 또는 "어떻게 구슬을 멀리 나가게 할 수 있을지 궁금하네." 그리고 "나 좀 도와줄래?"라고 하면서 유아가 활동에 참여하도록 초대한다.

일단 유아가 자신의 아이디어를 시도하기 시작하면, 교사는 필요할 때 도움을 제공하거나 제안하면서 뒤로 물러나서 유아가 활동을 주도할 수 있도록 한다(교사가 종종 자신이 배우는 물리에 관해 아주 흥분해서 유아의 실험을 지시하거나 주도하고 흥미 있는 활동을 유아들에게 넘겨주는 것을 자제하지 못하는 것을 가끔 본다).

3. 유아가 아이디어를 품어보고 어떻게 해야 할지 궁리해 볼 수 있는 환경 조성하기

유아의 '놀라운 아이디어' 즉, 유아에게 새로운 아이디어는 특히 궁금증을 자아내게 하는 장면에서 지적 발달의 본질이 된다(Duckworth, 2006). Duckworth는 놀라운 아이디어는 "외부 세상에서 보았을 때 놀랄 필요가 없다."(14)고 설명한다. 주요 조건은 자신감이다. "자신의 아이디어에 자신감을 갖는다는 것은 '내 아이디어가 맞아.'라는 것을 의미하는 것이 아니라, '내 생각을 기꺼이 시도해 볼 거야.'라는 것을 의미한다."(5)

2장에 기술된 조건에 부합하는 좋은 물리적 지식 활동은 놀라운 아이디어를 고무하는 풍부한 맥락을 제공한다. 경사로에 관한 경험에서 보면 대부분의 유아는 구슬을 경사로에서 굴러 내려가게 하는 아이디어나 점점 더 복잡한 경사로 구조물을 만드는 것에 호기심을 갖는다. 유아는 당면한 문제로 인해 호기심을 갖게 되고, 이러한 관심 때문에 유아는 시간과 에너지를 투자하면서 그 문제를 해결해내고자 다양한 방법을 시도한다.

피아제의 이론뿐 아니라 교실 관찰은 유아는 활동이 타인에 의해서 주어졌을 때보다 자신이 선택했을 때 놀라운 아이디어를 갖는 경향이 있음을 확신케 한다. 그래서 유아의 선택권을 주창한다(DeVries & Zan, 1992; Piaget, 1932/1965 참조). 구성주의 교육에 익숙하지 않은 교사는 유아에게 선택권을 주면 생산적이지 못한 혼란을 초래하지 않을까 걱정한다. 여러 가지 활동을 동시에 진행하는 것은 기본적으로 예상되는 약간의 소통이 필요한 복잡한 과정이다. 예를 들면, 자료 사용에 대한 제한(예: "경사로를 가지고 다른 사람을 치지 않도록 조심해." 또는 "구슬을 입에 넣지 마라.")이나 원하는 자료에 대해 협상하는 방법(예: "구슬을 다 썼으면 내가 사용해도 되겠니?" 또는 "내 구슬을 네 경사로에 굴려 봐도 되겠니?" 또는 네 경사로 옆에 내 경사로를 세워도 되겠니?")이 포함된다. 이는 유아가 선택할 수 있는 테두리이다.

좋은 물리적 지식 활동

유아가 무슨 일이 일어날지를 알아내도록 흥미를 북돋운다.
무슨 일이 일어난다는 것은
- 결과를 생산할 수 있고,
- 즉각적이어야 하고,
- 관찰 가능하고,
- 변화를 만들 수 있어야 한다.

2장에 기술된 협동적인 사회 도덕적 분위기를 촉진하는 실제 상황은 인간관계와 물리적 환경 모두를 포함한다. 자유선택 활동시간이 혼란스러워지면 구성주의 교사는 모든 활동을 중지하고 학급 회의를 열어 잘 되어가지 않는 상황에 대해 토의하고, 어떻게 해야 할지에 관해 유아의 아이디어를 끌어낸다. 놀라운 아이디어를 갖도록 유아를 고무할 환경을 조성하는 것은 교사와 유아가 서로 존중하며 같이 지내는 삶을 배우는 것을 통해 달성될 수 있다.

경사로에 관한 놀라운 아이디어를 수행하기 위해서는 여러 명의 유아가 동시에 활동할 수 있는 충분한 물리적 공간을 필요로 한다. 단순한 경사로와 긴 경사로에 관한 실험은 상당히 넓은 개방 공간을 필요로 한다.

복잡한 경사로 구조물을 만드는 데 하루 이상이 걸리는 경우가 가끔 있는데 유아는 밤새 그 구조물을 세워두기 원한다. 그 구조물을 놓아둘 공간이 없으면 교사는 유아의 보존하고 싶어 하는 욕구를 만족시킬 수 있도록 그 구조물의 사진을 찍거나 그림으로 그려서 놀라운 아이디어에 대한 존중을 표시할 수 있다. 유아가 다른 사람의 구조물에 대해 존중하는 것을 배우면 모임 시간에 구조물 근처에 앉을 때에도 조심스럽게 앉게 될 수 있다. 프리버그 학교 1학년 교실에서는 유아들이 누군가 구조물을 만들고 있는 동안은 부수지 않고 완성이 되면 이틀 후에 부숴야 한다는 학급 규칙을 정하기도 했다.

협동적인 사회 도덕적 환경은 유아로 하여금 자신의 생각을 시도해 보는 데 자신감을 갖도록 격려한다. 이는 유아의 지적 자율성(자기 규제)의 발달을 증진시키는 것이 목표이다. 너무 많은 일반적인 칭찬(예: “잘했어.” 또는 “와, 똑똑하네!” 등과 같은 일반적인 평)은 유아가 단지 교사를 기쁘게 하고 교사의 평가에 초점을 맞추는 의존적인 태도를 갖게 한다.

하지만 유아가 특히 어떤 것을 공유하고 싶어 할 때는("이것 좀 봐!" 또는 "와, 내가 했어요!") 그 유아가 한 것을 높이 평가하며 지지해 준다. 유아는 기쁨을 나누고 인정받기 원하는 자연적 욕구를 가지고 있다. 특정한 것에 관한 구체적인 피드백(예: "네가 무엇을 했는지 봐!" "와, 구슬이 아주 멀리 나가게 할 수 있는 방법을 알아냈구나!")은 유아의 인내심, 노력, 그리고 내적 만족감을 증진시킨다.

4. 유아가 자신의 아이디어를 시도해 보도록 허락하기

사실 '놀라운 아이디어'를 갖는 것만으로는 충분하지 않다. 유아는 교사나 성인의 지식으로 볼 때 작용하지 않거나 맞지 않는 아이디어라 할지라도 자신의 아이디어를 시도해 볼 기회를 가져야만 한다. 틀린 아이디어라도 그것은 어떤 것을 해결하고자 하는 유아의 지능적 노력의 결과이기 때문이다. 1장에서 기술한 것과 같이 유아는 모순에 직면하는 자기의 잘못된 아이디어를 시도해 보고, 자신의 행동을 변경해야 한다는 것을 인식하고, 따라서 자신의 사고를 수정하는 과정을 거쳐야 한다(예: 유아가 새로운 **지적 관계**를 형성해야 한다). 물리적 지식 활동의 기본 목표 중의 하나는 유아가 자신의 잘못된 아이디어에 직면하여 그 아이디어를 수정하도록 동기를 주는 것이다. 다음의 예를 보자.

> 3살인 재이린은 경사로의 방향과 구슬이 굴러갈 방향에 대한 지적 관계를 이해하지 못한 채 경사로의 한쪽 끝을 상자에 올려놓고 구슬이 경사로를 따라 올라가서 상자에 들어가기를 기대했다. 하지만 재이린이 구슬을 경사로에 올려놓자 구슬은 굴러 내려갔다. 재이린이 예상했던 것과는 정반대 방향으로 움직인 것이다. 재이린의 놀란 얼굴은 재이린이 모순을 경험하고 있음을 보여준다.

이러한 경우에 교사는 유아의 당혹감에 관해 이야기를 나누는 것이 바람직하다. "왜 구슬이 저쪽으로 굴러갔는지 궁금하네. 다른 방법으로 시도해 볼 수 있을까?"

아이디어를 시도해 보고, 결과를 관찰하고, 그 아이디어를 수정하고, 수정한 아이디어를 다시 시도해보는 순환적인 과정을 통해, 유아는 결국 자신의 부정확한 아이디어를 버리고, 물리적 세계가 실제로 어떻게 작용하는지를 적합하게 표현하기 위한 지식을 점차적으로 구성하게 될 것이다. 다음 예는 어떻게 이 실수에 근거한 실험이 일어났는지를 보여준다.

> 반원형으로 구슬이 굴러가도록 길을 만들고 있는(사진 26), 케안트레는 매번 처음에 구슬이 경사로를 벗어나 굴러 떨어지는 지점에 집중했다. 주의 깊은 관찰을 통해 케안트레는 그 지점에서 커브가 조금 더 급하지 않아야 한다는 것을 알았다. 케안트레는 경사로를 살짝 움직여서 커브의 각도를 줄인 후 다시 구슬을 굴려보았다. 구슬이 경사로를 또 벗어났다. 케안트레는 다시 경사로를 움직여서 커브의 각도를 더 줄였다. 이번에는 구슬이 연결 부위를 부드럽게 건너 다음 경사로로 굴러갔다.

이 과정에서 각각의 실수는 새로운 정보의 근원으로 케안트레가 새로운 가설과 새로운 조정, 그리고 그가 만든 구조물의 커브와 구슬의 움직임 간의 지적 관계를 시험해보게 했다.

실수에 근거한 실험은 무작위로 하는 시행착오와 같은 것은 아니다. 무작위 시행착오는 일련의 임의적 변화를 주는 것을 의미하고, 실수에 근거한 실험은 이전 실험결과로부터 나온 합리적 정보에 기초해 변화를 주는 것을 의미한다. 케안트레는 자신의 실험 결과로부터 나온 정보를 계속적으로 사용하여 그의 반원형 구조물을 완성시켜갔다.

26 이 정확한 구조물을 만들기 위해 케안트레는 가설을 세우고, 그 아이디어를 시도해 보고, 관찰하고, 그 가설을 수정하는 순환과정을 거쳤다.

5. 유아의 추론을 이해하고 평가하기 위해 유아의 행동 관찰하기

유아에게 질문을 하기 전에, 구성주의 교사는 유아가 무엇을 하는지 관찰하고, 유아가 어떻게 생각하는지를 이해하고 평가하려고 노력해야 한다. 유아의 행동은 자신의 예측을 반영할 수 있기 때문에 유아의 논리에 관한 단서를 제공한다. 따라서 교사가 자신의 관찰에 근거하여 질문할 때, 유아의 생각의 흐름을 따라갈 확률이 높고 유아의 발달을 증진시킬 수 있다.

경력 있는 구성주의 교사도 질문을 하기 전에 주의 깊게 관찰하는 것을 잊어버릴 수 있다. 유아가 교사의 질문을 무시하거나 하고 있던 활동을 그만둘 때, 교사는 자신의 개입이 적절치 못했음을 알게 된다. 한 교사가 다음과 같은 경험을 하였다.

> 교사 크리스티나는 3세 타이가 평행 경사로(코브 몰딩 하나의 양끝이 블록 위에 수평으로 놓여 있다.)를 만드는 동안 타이와 상호작용을 하고 있었다. 타이는 구슬을 몰딩에 올려놓고 밀어서 구슬이 다른 쪽 끝까지 굴러가서 떨어지게 했다. 크리스티나의 숨은 의도는 타이가 경사에 관해 배우게 하는 것이었기 때문에 다음과 같이 질문하였다. "구슬을 밀지 않고 굴러가게 하기 위해서는 어떤 변화를 줄 수 있을까?"(이 질문은 많은 경우에 좋은 질문이 될 수 있지만, 이 경우에는 좋은 질문이 아니었다). 처음에 타이는 크리스티나를 무시했다. 타이가 반응하지 않자, 크리스티나는 다시 똑같은

질문을 하였다. 타이는 다시 크리스티나를 무시했다. 크리스티나가 세 번째 같은 질문을 하자 타이는 일어나 그 활동에서 떠났다.

크리스티나는 자신의 비효과적인 개입을 반성적으로 회상하면서 그날 타이가 경사진 경사로를 만들고 있었던 것을 기억해냈다. 타이가 구슬을 올려놓자 구슬이 경사로를 따라 굴러 내려가는 것을 보았다. 크리스티나가 경사에 관한 자신의 숨은 의도에 그리 집착하지 않았더라면, 크리스티나는 타이의 이전 행동을 기억해냈을 것이고, 타이를 좀 더 가까이서 주의 깊게 관찰하려고 노력했을 것이다. 다시 말해, 타이가 어떤 것에 관해 생각하고 있고 무엇을 하고자 했는지 알아내려는 데 노력을 기울였을 것이다.

그래서 그런 질문을 하는 대신 크리스티나는 다음과 같은 말을 했을 것이다: "네가 아까 구슬을 경사로에 놓는 것을 보았는데 지금은 평평한 경사로에 구슬을 놓고 있구나." 이 말은 타이로 하여금 자신의 두 가지 행동 결과를 비교해 보도록 격려했을 수 있다. 이런 식의 개입은 타이의 현재 행동을 관찰하고 타이가 어떤 생각을 하고 있는지 알아내려고 노력한 것에 근거한 것으로 타이가 자신이 이미 했던 것과 관심이 있는 것에 관한 지적 연결을 하도록 고무했을 수 있다. 하지만 "구슬을 밀지 않고 굴러가게 하기 위해서는 어떤 변화를 줄 수 있을까?"라는 크리스티나의 질문은 교사 자신의 숨은 의도에 근거한 것이었다. 이는 교사가 원했던 결과를 얻는 데 실패했을 뿐만 아니라 타이의 사고를 완전히 닫아버리게 하였다. 타이가 활동을 그만둔 것이다.

교사는 유아가 자신의 행동결과가 자신이 바라던 결과가 아니었을 때 나타내는 모순의 감정을 읽어내는 것이 필요하다. 예를 들면, 유아는 코브 몰딩을 겹쳐놓고 구슬이 연결부위를 넘어 굴러가기를 기대한다. 부적절한 연결 때문에 구슬이 멈추거나 길을 벗어났을 때 유아가 놀라워한다면(사진 11과 옆 사진) 교사는 유아가 자신의 기대와 관찰된 결과 사이의 모순을 경험하고 있음을 알게 된다. 이 모순은 바로 유아가 문제와 직면한 것을 의미한다. 유아가 그 활동에 매우 흥미를 느끼고 있다면, 문제를 해결하고자 하는 욕구로 인해 수정된 지적 관계를 반영하면서 두 경사로 부분을 조정하려는 동기가 유발될 것이다.

때로는 관찰만으로 유아가 어떻게 생각하는지 알아내기가 충분하지 않다. 그래서 구성주의 교사는 가끔 마음먹고 평가를 위해 개입한다. 다음은 유아가 무엇을 알고 있는지 더 알아보기 위해 교사가 할 수 있는 질문이다.

"구슬이 어떻게 움직이도록 하려는 것이니?"

"구슬이 어디로 굴러갈지 손가락으로 보여주겠니?"

"구슬이 저쪽 벽까지 굴러가게 하려면 어떻게 해야 할까?"

"구슬이 … 하도록 하려면 어떤 변화를 줄 수 있을까?"

유아가 무엇을 어떻게 생각하는지 이해하고 나면 교사는 보다 효과적인 개입을 할 수 있다.

경사로 안전수칙

경사로를 유아에게 소개할 때는 자료를 안전하게 사용할 것에 관한 토의를 꼭 해야 한다. 우리 경험에 의하면 처음부터 유아가 코브 몰딩을 경사로 용으로만 사용하도록 강조하면 유아의 위험한 사용을 방지할 수 있다.

대부분의 유아는 경사로 만들기에 너무 흥미를 느껴 다른 방법으로 코브 몰딩을 사용하지는 않는다. 한 번은 3세 유아가 경사로를 총처럼 사용하려 했는데, 교사가 "총은 사람을 다치게 할 수 있어서 우리는 학교에서 총을 사용하지 않아!"라고 상기시켰다. 칼빈이 긴 코브 몰딩을 겨드랑이에 끼고 다녀 다른 사람이 다칠 수 있는 위험이 생겼을 때 교사는 "경사로 양끝이 어디로 가는지 주의해."라고 상기시켰다. 가끔 교사는 유아에게 경사로를 수직 방향으로 세워 자신의 몸 앞에서 들고 다니도록 제안한다(단지 경사로를 들고 다니는 것도 유아가 탈중심화하여 사진 9에서 엘렌이 한 것처럼 경사로의 양끝에 관해 동시에 생각해볼 수 있게 하는 기회가 될 수 있다).

유아가 자신의 키보다 높은 구조물을 세우려 하거나 안전에 있어 잠재적인 문제를 갖는 다른 행동을 하려 할 때, 교사는 안전예방에 관해 함께 토의할 수 있다. 교사는 "나는 네가 그렇게 하면 다른 사람이 다칠까 봐 걱정돼. 어떻게 안전하게 ____________ 할 수 있을까?" 이와 같은 토의를 했을 때, 유아는 작은 발판 의자를 사용할 것을 제안했고, 교사는 유아들과 가까이 있을 것에 동의했다.

작은 구슬이나 다른 작은 물체는 유아가 사용하기에 위험할 수 있다. 여전히 입에 물건을 넣는 유아가 있다면 큰 구슬같이 기도로 넘어가지 않을 물체만 사용하도록 주의해야 한다.

6. 유아의 생각(지적 관계 구성)을 격려하기 위해 질문과 코멘트로 개입하기

일단 교사가 유아를 고무하고 호기심을 불러일으키고(원리 2), 유아가 뭔가 가능성을 보고, 또 시도해 보고 싶은 아이디어를 갖게 되면 유아 스스로 경사로 활동을 진행할 수 있다. 하지만 이때 교사의 개입은 유아가 그 활동을 그만두거나 실험을 계속하는 것 간의 차이를 만들 수 있다.

유아가 무엇을 해야 할지 모르거나 어떻게 문제를 해결할지 몰라 심하게 좌절할 때, 교사의 질문, 조언, 또는 제안 형태의 개입은 유아가 그 문제를 계속 해결하는 데 격려가 될 수 있다. 유아는 말로 답변을 해야 하는 질문은 자주 무시하고 행동으로 답할 수 있는 질문에 반응하는 경향이 있다. 예를 들어 "또 어떤 것을 시도해 볼 수 있을까?"라고 질문했을 때, 유아는 자신의 경사로 구조물을 변화시키는 것으로 대답한다.

어떻게 가르쳐야 하는지에 관한 피아제의 조언은 적지만, 유아의 추론을 촉진하기 위한 교사 개입에 대해서는 정확한 지점을 알려준다.

> 유아가 앞으로 더 나아가도록 돕는 자료와 상황을 제시하는 것이 중요하다. 유아에게 어떤 것이든 하도록 허용하는 것이 중요한 것은 아니다. 중요한 것은 유아에게 새로운 문제 그리고 한 문제가 다른 문제로 서로 이어지는 상황을 제시함이 중요하다(Evans, 1973, 53).

이는 구성주의 교사가 유아 활동에 개입할 때 지침이 된다. 구성주의 교사는 유아가 이전에는 생각해보지 못했던 것에 대한 유아의 사고에 초점을 맞춰 개입한다. 다음에 교사가 경사로 활동 시 취할 수 있는 네 가지 개입에 관해 기술하였다. 하지만 지나친 개입은 유아의 흥미를 줄여 활동을 떠나게 할 수 있음을 유념해야 한다.

예측하도록 질문하기

유아가 경사로를 경험하고 난 후, 구성주의 교사는 유아가 예측(예로 무슨 일이 일어날 것인가에 대한 아이디어나 가설)을 해보게 하여 그가 가지고 있는 지식에 깊이 도달해서 이를 새로운 방식으로 사용할 수 있도록 격려해야 한다. 예측을 위해서는 어느 정도 기초를 제공할 수 있는 자료와의 경험이 있어야 깊은 지식이 가능해진다. 구성주의 교사는 유아가 어떤 물리적 현상에 처음 접했을 때 예측할 것을 요구하는 것은 무의미하다는 것을 알아왔다. 경험이 없다면 유아는 그에 관해 예측할 기반이 없고, 아무 아이디어가 없다면 유아는 뭔가 말하기가 부적합하거나 부담을 느낀다는 것이다. 1장에서 기술한 것 같이 유아는 부적합한 느낌을 가질 때 생각하거나 실험할 수 있는 능력에 대한 자신감이 저하될 것이다.

그러나 일단 경험을 했었다면, 구성주의 교사는 "네가 ... 하면 어떤 일이 일어날 거라고 생각하니?" 같은 변인의 질문을 할 수 있다.

유아가 물체에 대해 어떤 행동을 하고 있는가를 살펴보면 그들이 무엇을 기대하고 예측하고 있는지를 알 수 있다.

4세 칼이 경사로 끝 바닥에 멋진 지그재그 경사로를 만들었을 때는 몇 주 동안 경사로 활동을 하고 난 후였다(사진 27). 칼은 기쁘게 교사 크리스티나를 불렀다. "내가 만든 것을 보세요!"

칼의 구조물을 보고, 크리스티나는 칼이 심지어 첫 번째 모서리조차 성공적으로 돌 것을 기대하는 것에 놀라웠다. 칼이 만든 이전의 구조물을 보았을 때, 크리스티나는 칼이 이미 경사의 기울어짐과 구슬이 곧바로 나아가는 것 간에 지적 관계를 정확히 구성했다고 생각했다. 크리스티나는 칼이 멋진 모양의 경사로에 넋을 잃어서 적어도 그 구조물을 만드는 동안에는 그전에 알았던 것, 즉 구슬은 멈추거나 방향이 바뀌지 않는 한 움직이던 방향대로 굴러간다는 것을 생각하지 못했음을 알아챘다.

크리스티나는 단지 칼에게 그 경사로에 구슬을 굴려보라고 할 수 있었고, 칼은 자신의 아이디어가 멋져 보이지만 구슬이 굴러가지 않음을 직접 목격할 수 있었을 것이다. 하지만 그 상황에서 크리스티나는 칼이 그의 기대에 모순되는 일이 일어남을 예상해보도록 하려고 애썼다. 칼이 구슬을 굴리기 전, 크리스티나는 "네 손가락으로 구슬이 어느 쪽으로 굴러갈 것 같은지

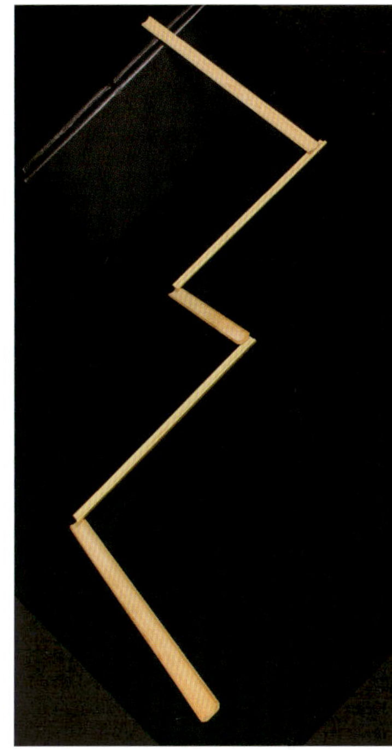

27 칼은 자신의 구슬이 경사로의 모서리를 부드럽게 돌아서 끝까지 굴러갈 것이라고 예상했다.

> 보여줄래?"라고 물었다. 칼은 구슬이 굴러갈 길을 손가락으로 따라갔다. 첫 번째 모서리에 가까워지자 칼이 멈추었다. 칼은 갑자기 구슬이 모서리를 돌 수 없다는 것을 깨달은 것이다.
>
> 칼은 즉시 전체 경사로를 다시 배열하여 모든 부분이 곧은 직선으로 벽 끝까지 가게 했다. 그래도 코브 몰딩이 남자, 칼은 벽에 맞춰 각도를 틀어 경사로를 더 멀리 연장했다.

이 예는 지적 관계를 구성하는 과정에서 유아는 아마도 매번 새로운 문제에 직면하면서 똑같은 실수를 여러 번 반복할 수 있다는 것을 보여준다. 새로운 문제는 때때로 유아가 어떤 한 지식이 견고해질 때까지 똑같은 관계를 반복하고 또 반복해서 재구성하도록 하는 힘이 된다. 칼은 지그재그 길이 구슬을 나아가게 할 수 없다는 것을 알아차리자 길을 곧게 만들었다. 하지만 길을 이어갈 공간이 더 이상 없어지자 또 다시 모서리를 만들었다!

따라서, 칼이 구슬은 방해받지 않는 이상 같은 방향으로 계속해서 굴러간다는 사실을 아직 확고히 구성하지 않았음이 분명하다. 일단, 유아의 지식이 견고해지면 유아는 무슨 일이 일어날지를 예상하고 문제를 방지할 수 있다.

실험할 수 있는 새로운 가능성 제안하기

유아는 흔히 스스로 뭔가 특정한 일이 일어나도록 도전한다. 하지만 유아가 아이디어를 가지고 있을 때라도 교사 또한 제안을 할 수 있다. 예를 들면, 다음과 같다.

> 4세인 에이미는 반복해서 구슬을 떨어뜨려 구슬이 경사로 아래로 굴러가게 하고 있었다. 교사는 에이미가 아무 생각 없이 무의미한 활동을 하고 있다고 생각했다. 그래서 "구슬이 저 벽쪽까지 굴러가게 할 수 있겠니?" 라고 질문했다.

이 경우에 교사는 유아가 지지대의 높이를 가지고 실험하면서 경사로의 기울기와 구슬이 굴러간 거리 간의 관계에 대해 생각해보기를 바라고 있다.

성공적인 개입은 한 문제에 대한 유아의 흥미를 되살려 유아가 스스로 좀 더 새로운 아이디어를 생각해 가도록 하는 것이다. 구성주의 교사의 목표는 유아가 교사의 제안을 준수해가며 따르거나 교사를 기쁘게 하는 것이 아니다. 구성주의 교사의 목표는 유아가 활동에 최선의 에너지를 쏟게 하는 것이다. 2장에서 서술한 것 같이 이는 유아가 개인적 흥미와 목적 의식을 가지고 실험을 추구할 때만 일어난다.

교사는 유아가 이미 하고 있는 활동을 풍부하게 할 수 있는 부가적 자료를 제공하면서 새로운 가능성을 제안할 수 있다.

운동법칙의 이해 돕기

- NSTA 웹 세미나. “힘과 운동: 속임수를 멈추자!” http://learningcenter.nsta.org/
- 힘과 운동: 속임수를 멈추자! 마침내 과학을 이해하고 과학을 가르치자. W. C. Robertson(국립과학교사협회, 2002)
- 컴퓨터과학교육 참고부서(CSERD), ‘바운스’ 활동. www.shodor.org/
- 물리교실. www.physicsclassroom.com/Class/newtlaws/

– 페기 애쉬브룩 제공

한 헤드스타트 교실에서 크리스티나는 세 유아에게 작은 자동차를 경사로에 굴려서 얼마나 멀리 가는지 보고 싶은지 물었다. 크리스티나는 각각의 차가 멈추었을 때 표시를 할 수 있도록 바닥에 종이를 붙여놓았다. 유아는 실험하는 자세로 생각하지 않았고, 경사로의 기울기 변화에 관해 관심을 갖지 않았기 때문에 크리스티나가 다음과 같이 질문했다. “차를 더 멀리 가게 하기 위해서는 무엇을 할 수 있을까?”(특정한 효과가 나타나도록 제안하는 질문).

유아에게 여전히 아이디어가 없어 보이자 크리스티나는 다시 개입을 하였다. 크리스티나는 블록을 가져와서 지지대를 더 높게 만들 수 있음을 제안했다. 이 아이디어는 지지대로 몇 개의 블록을 사용하느냐에 따라 자동차가 굴러간 거리가 달라지는 실험에 집중적인 참여가 일어나도록 유도했다.

이러한 특정한 제안은 유아의 아이디어가 전혀 없고 기폭제가 필요할 때만 아주 가끔 사용되어야 한다.

유아가 아주 좌절했을 때 가능한 해결책을 제시하는 것도 적절한 개입이다. 교사는 힌트를 주되 부정확한 것을 포함하여 새로운 흥미를 자극하고 유아가 자율적으로(자기 규제) 가능성을 생각해보도록 할 수 있다. 하지만 보통 유아가 좌절할 때 교사는 유아의 노력에 대한 동정을 표시하고 유아가 시도해보려 했던 것을 알아주면 된다.

다음의 또 다른 예는 유아가 어떻게 교사의 제안을 받아들여 실행에 옮기고 교사가 예상했던 것 이상의 새로운 지적 관계를 만드는지 보여주고 있다.

> 넓은 영역에서 경사로 실험을 몇 년간 한 후, 베스 밴 미터란 선생 반의 1학년 유아는 대부분 운동에 관한 복잡한 지적 관계망을 구성했다. 베스는 새롭고, 흥분되고, 보다 복잡한 도전으로 유아의 목적을 고취시키고 싶었다. 그래서 베스는 바닥에 테이프로 30×140cm의 좁고 긴 직사각형을 만들었는데 이는 제일 긴 코브 몰딩보다 약간 길이가 긴 것이었다. 그런 후, 베스는 2개의 약 120cm 코브 몰딩을 유아에게 주면서 "여기 도전해볼 만한 것이 있어. 이 두 개를 가지고 테이프로 된 직사각형 안에 경사로를 만들 수 있겠니?"라고 요청했다.
>
> 유아가 수개월 동안 테이프로 정해진 다양한 넓이의 바닥에 복잡한 경사로 구조물을 만들어 본 후, 1학년 올리비아는 자신의 경험에 대해 "공간이 좁을수록 경사로 만드는 것이 더 어렵고 시간이 많이 걸려요. 공간이 넓을수록 경사로 만드는 것이 쉽고 시간이 적게 걸려요."와 같이 반영적 사고를 표현했다.

유아 자신이 하는 일에 더 의식적이 되도록 돕기

유아가 자신의 아이디어를 추구할 때, 자신의 행동 결과로 무슨 일이 일어났는지를 알아차리지 못하는 경우가 종종 있다. 교사가 유아로 하여금 주의를 집중할 수 있게 하는 한 가지 방법은 문제를 더 잘 이해하고 싶은 교사의 욕구를 말해주는 것이다(예: "구슬이 어디로 떨어졌는지 보지 못했어. 우리가 주의 깊게 볼 수 있도록 다시 한 번 해주겠니?"라고). 유아로 하여금 보다 의식적으로 행동하도록 돕는 또 다른 방법으로는 "어떻게 했니?" 혹은 "마이클이 어떻게 했는지 네가 보여줄 수 있겠니?"라고 묻는 것이다.

유아는 자신의 행동에 대해 항상 의식적이지 않기 때문에 가끔 교사는 유아가 무엇을 하고 있는지 큰 소리로 말해주는 것이 도움된다. 예를 들면, 다음과 같다.

> 5세 루시오는 자신이 어떤 때는 경사로 꼭대기에서 어떤 때는 중간에서 구슬을 놓는 것에 대해 주의 깊게 생각하지 않는 것처럼 보였다. 루시오의 교사는 이것을 루시오에게 알려주었다. "저번에는 경사로 꼭대기에서 구슬을 놓더니 이번에는 중간, 바로 여기에서 구슬을 놓았네." 만약 루시오가 주의를 기울이면, 교사는 루시오가 비교할 수 있도록 다음과 같은 후속 질문을 할 수 있다: "꼭대기와 중간 둘 중 어디가 더 잘되니? 다른 점이 있니?"

그러한 비교에 대해 생각하는 것은 유아로 하여금 두 가지 이상의 지적 관계, 즉 여기서는 꼭대기에서 놓는 것과 굴러간 거리, 그리고 중간에서 놓는 것과 굴러간 거리의 협응이 일어나도록 할 수 있다.

유아의 결론이 잘못된 개념을 포함할 때 상반되는 예를 제공하기

가끔 유아는 충분치 못한 증거에 기초하여 잘못된 결론을 내린다(예: 변인 간의 잘못된 지적 관계 형성). 예를 들면, 다음과 같다.

> 베스 밴 미터란 선생의 1학년들은 구슬은 항상 경사 아래로 굴러간다는 결론을 내린다. 베스가 유아들에게 "전에 누군가 구슬을 경사로 '위'로 굴러가게 하는 것을 본 적이 있어. 어떻게 그런 일이 일어날 수 있을까?"라고 말한다.

이런 상반된 제안은 유아를 자극하여 새로운 실험을 해보고 자신의 아이디어를 수정하도록 동기를 부여한다. 피아제(1973)는 다음과 같이 조언한다.

> 교사는 유아가 문제를 의식하고 스스로 해결책을 찾아보게 하는 자료를 선택해야 한다. 그리고 유아가 너무 광범위하게 일반화하면 유아가 자신의

경사
빗면을 말하는 것으로 경사로 활동에서 길은 코브 몰딩 부분에 대한 용어이다. 만일 길이 기울어져 있다면 경사로라고 말한다.

> 결론을 개선해야 함을 알게 해주는 상반된 예를 보여줄 자료를 추가로 제공한다. 유아가 배울 수 있는 자료이어야만 한다(23).

유아가 물리적 원인에 관해 궁금증을 갖도록 격려하기

대부분의 유아는 '왜' 어떤 것이 일어났는지 말로 설명할 능력이 없다. 인지 발달적으로 유아는 어떻게 하는지에 관한 실제적 지식을 먼저 체득해야만 '왜' 일어났는지에 관한 개념적 지식에 관해 고려할 수 있다. 유아에게 '왜'라는 질문은 교사가 특정한 답을 기대한다는 것을 내포하는 것으로 이는 심지어 유아가 그 활동을 그만 두게 할 만큼 부담스럽게 할 수 있다.

일반적으로 최상의 접근 방법은 교사가 예를 들어 다음과 같이 조언을 하는 것이다. "왜 저쪽 경사로에 있는 구슬이 이쪽 경사로의 구슬보다 더 멀리 갔는지 궁금하네?" 이 개방적 조언은 유아가 대답하지 않아도 될 여지를 남기지만, 동시에 유아가 궁금해하고 그 이유에 대해 생각해 보도록 동기를 부여한다. 유아가 '왜'를 안다면 대답할 것이다. 피아제(1973)는 이 사안에 대해 다음과 같이 조언했다.

> 실제적인 과제로 인도할 질문을 하고 그리고 나서 일단 유아가 이에 성공하면 어떻게 그 일을 해냈는지에 대해 질문하는 것이 좋다(24).

평가

유아의 학습은 종종 쉽게 계산될 수 있는 행동에 초점을 맞춘 체크리스트를 사용하여 몇 개의 알파벳 글자를 아는지, 어떤 숫자를 아는지, 얼마나 큰 숫자까지 셀 수 있는지 등으로 평가된다. 그러한 체크리스트는 중요한 정보를 교사에게 제공하지만 유아의 특정한 지식만을 평가한다.

유아의 지적관계 또한 행동관찰을 통해 평가될 수 있다. 이러한 평가는 지식과 지능 둘 다에 관한 정보를 제공한다.

유아가 구성할 가능성이 있는 지적 관계를 이해하는 것은 교사가 새로운 방식으로 지식과 지능을 평가할 수 있도록 도와준다. 다시 말해 교사는 특정한 활동 속에서 유아가 구성할 가능성이 있는 지적 관계에 관한 아이디어가 있다면, 교사는 유아가 특정한 지적 관계를 구성했는지 혹은 아닌지를 나타내는 행동을 활동시간에 주의 깊게 찾아볼 수 있다.

예를 들면, 한 유아가 경사로를 평평하게 만들어 놓고 구슬이 그 위에서 움직이기를 기대하며 기다린다고 가정하자. 교사는 그 유아가 경사를 만들어야 하는 것과 구슬의 움직임 간의 지적 관계를 아직 구성하지 못했다고 짐작할 수 있다. 똑같은 유아가 경사로 활동을 여러 주에 걸쳐 해본 후, 이제는 항상 활동 처음부터 경사를 만든다고 해보자. 그 유아의 이해를 알아보기 위해 교사는 경사로의 수평 부분 쪽에 구슬을 놓고 다음과 같이 질문할 수 있다: "왜 구슬을 여기서부터 굴리지 않니?" 유아가 "구슬이 굴러 내려갈 수 없기 때문이에요."와 같은 맥락으로 대답한다면 그 유아는 경사와 구슬의 움직임 간의 지적 관계를 꽤 구성했음이 확실하다.

유아가 지적 관계를 구성했는지 아직 구성하지 못했는지를 표시하는 행동기록 평가방법은 어느 발달 영역에서나 새롭고 잠재적으로 유용한 정보가 된다.

7. 유아가 개입에 대해 반응하지 않으면 더 추구하지 않기

교사가 개입하면 유아는 자신의 행동을 고찰하고 제안된 가능성에 관해 생각해볼 수 있는 시간을 필요로 하게 된다. 개입은 유아의 사고를 고무하기도 하지만, 그렇지 않을 때도 있다. 자율적 사고를 촉진하는 협동적인 사회 도덕적 분위기의 교실에서는 유아가 관심이 없으면 교사가 제안한 개입을 자유롭게 무시하거나 거부할 수 있다. 유아가 교사의 조언이나 제안을 무시하면 유아가 자신의 아이디어를 계속해서 추구해 보도록 기다린다.

가끔 교사와 유아가 서로 다른 의도가 있을 수 있다. 유아는 자신이 스스로 마련한 문제를 해결하는 데 거의 모든 지적 에너지를 사용할 것이기 때문에, 구성주의 교사는 유아 자신의 문제를 추구해보도록 허락하고 격려해야 한다. 유아가 교사가 염두에 두었던 것에 흥미를 보이지 않는다는 것을 깨닫게 되면 교사는 자신의 아이디어를 평가해보아야 한다. 그리고 유아가 생각해 볼 만한 중요한 문제라고 판단되면, 다음에 그 아이디어를 다시 소개한다.

예를 들어 교사가 구슬은 경사의 아래로 뿐만 아니라 위로도 굴러갈 수 있다는 것을 유아가 알게 하고 싶다면 교실모임에서 다음과 같은 질문으로 토론을 시작할 수 있다. “구슬을 밀지 않고 경사로 위로 올라가게 할 수 있을까?” 유아는 대개 그럴 수 없다고 생각하기 때문에 그 토론은 유아가 새로운 문제해결에 착수하도록 동기를 부여할 수 있다.

8. 경사로에 관한 표상 활동과 토론을 통해 유아의 구성활동 지지하기

좋은 물리적 지식 활동의 중요한 것은 **산출할 수 있고**, 즉각적으로 **반응하고**, **관찰 가능하며**, **변화 가능**한 일이 일어나게 하는 것 외에도 유아가 구성한 지식에 관해 토의하고 표상할 수 있다는 것이다. 토의하고 표상하는 동안 유아는 반성적으로 숙고해보고, 자신의 지식을 풍부히 하며, 자신의 아이디어를 다른 사람과 나누는 기회를 갖는다.

사진은 유아의 구조물의 이미지를 수집하고 저장하는 아주 좋은 도구이다. 교사와 유아는 디지털 카메라를 사용하여 사진을 찍어서 교실에 전시하고, 스크랩북을 만들고, 그 책에 설명글을 쓰고, 모임 시간에 서로 보여주며 토의를 자극하거나 또는 유아의 작품을 기록하는 데 사용할 수 있다. 4세 유아도 디지털 카메라를 올바르고 조심스럽게 사용하는 것을 배울 수 있기 때문에 자신의 구조물 사진을 직접 찍을 수 있다.

교사는 유아가 자신의 설명글을 스스로 쓸 수 있을 때까지 대신 받아 적어준다("네가 무엇을 하고 있는지 이 사진을 봐. 뭐라고 쓰고 싶니? 네가 말하면 내가 받아쓸게."). 교사는 가능한 한 빨리 유아의 말을 받아 쓴다. 이는 유아로 하여금 자신의 구두 언어와 문자 언어 간의 지적관계를 만들 기회를 갖게 한다. 유아가 쓰는 과정에 흥미를 갖게 되면 교사의 도움을 받으면서 자신의 설명글을 쓰기 시작한다.

이러한 경사로 활동 사진은 유아가 저널을 쓰는 데 흥미 있는 내용을 제공하기도 한다. 프리버그교사 쉐리 피터슨은 반 사진책을 만들어 3세 유아가 새로운 경사로 구조물을 지으면서 영감이 필요할 때 이 책을 찾아보게 한다.

경사로와 관련된 토의를 지지하기 위한 또 다른 방법은 완성된 경사로 구조물을 그리는 것이다. 예를 들어 존스(Jones)와 레이놀즈(Reynolds)(1992)가 저술한 '필기자로서의 교사'에 따르면, 교사(또는 자원봉사자 또는 유아)는 자유선택활동시간 동안 유아의 경사로 구조물을 스케치할 수 있다. 이런 스케치는 고도의 예술적 능력을 필요로 하지 않는다. 막대 모양의 유아와 직선 모양의 경사로면 충분하다. 유아가 교사가 그린 자신의 경사로 그림을 보면 가끔 유아 스스로 자신의 작품을 표현하기 위해 그리기 시작한다. 이러한 그림은 사진과 같은 방식으로 사용될 수 있다.

레지오 에밀리아 접근(Edwards, Gandini, & Forman, 1998)을 사용한 교실에서 교사와 유아에 의해 만들어진 기록화 패널인 시간 1(초기 그림)과 시간 2(후기 그림)의 전시는 유아 발전과정의 기록을 잘 보여준다. 예를 들면, *Developing Constructivist Early Childhood Curriculum*(DeVries 외, 2002))에서 레베카 에드미아스톤은 어떻게 즉, 유아의 중요한 아이디어와 지적관계를 시각적으로 표현한 개념도가 유아가 무엇을 아는지에 관한 대화를 촉진하는 효과적인 도구가 될 수 있는지에 대해 논의하고 있다. 시간 1, 그리고 시간 2 유형의 주제망은 유아의 발전과정을 기록하기 위해 사용될 수 있다. 레베카 에드미아스톤은 또 다른 예를 언급한다. 경사로 구조물의 연속적인 사진을 모아 글없는 그림책을 만드는 것이다(Edmiaston, 2002). 글을 읽을 줄 모르는 유아도 이 사진과 그림은 자신의 경사로 구조물에 관해 말할 수 있는 윤활제가 된다. 책은 여러 권을 만들어 교실에 두거나 유아가 가족과 공유하기 위해 집으로 가져갈 수 있게 한다.

또 다른 접근은 교사와 유아가 경사로에 관한 유아의 생각과 질문목록을 만드는 것이다. 주제망이나 목록을 사용하여 유아는 경사로에 관한 아이디어를 공유하고 반대되는 의견에 대해 토의하고, 자신이 탐구해 보고 싶은 문제를 확실히 할 수 있다. 그림이나 사진 또한 유아가 경사로에 관해 알아볼 것에 관한 토의를 시작하도록 도울 수 있다. 유아가 다른 견해를 제시할 때 활발한 대화가 종종 일어나곤 한다. 이러한 토론을 하는 동안 여러 번 유아나 교사는 경사로 영역에 보내질 수 있는 새로운 도전을 제기한다. 이러한 도전을 어떻게 해결했는지는 대집단 시간에 다시 토론될 수 있다.

이와 같은 것은 유아가 토론하고 자신의 경사로 작품을 표상하는 것을 격려할 수 있는 몇 가지 방법에 불과하다. 구성주의 교실의 유아와 교사는 유아의 놀라운 아이디어에 대해 토의하고 표현할 수 있는 기회를 날마다 찾는다.

9. 모든 교과과정 영역을 경사로 활동에 통합하기

경사로와 같은 과학 활동은 수학, 언어, 문학, 사회 과학, 그리고 미술에 대해 가르치고 격려할 기회를 풍부하게 한다.

수학

경사로 자료는 수, 측정, 기하, 그리고 시간이 포함된 양적인 지적 관계에 관해 유아가 자연스럽게 생각하도록 만든다.

피아제(1941/1952; Piaget & Inhelder, 1948/1956)는 유아가 특정의 양적인 지적 관계를 진전시키기 전에 일반적으로 질적인 지적 관계를 구성함을 보여주었다.

- 숫자에 관해 일반적으로 보여주는 질적인 지적 관계(예: "네가 나보다 더 많은 구슬을 가지고 있네.")는 특정한 양적이며 숫자적인 지적 관계의 선도역할을 한다(예: 네가 나보다 구슬을 네 개 더 많이 가지고 있구나").
- 공간에 관한 질적인 지적 관계, 예로 더 높은 그리고 더 낮은 경사로 지지대 같은 것은 '얼마나' 더 높은 또는 더 낮은의 특정한 측정을 위한 선도역할을 한다.
- 공간에 관한 질적인 지적 관계인 바로 옆(예: "이 경사로 조각을 이 조각 옆에 놓을 거야.")과 닫힌 공간(사진 23과 여기서 보이는 닫힌 사각형 나선형 공간)은 여러 각도와 닫힌 모양을 형성하는 선을 연결하는 기하학적 개념이다.

- 순서("처음에 구슬은 여기로 갈 것이고, 그 다음 저기로, 그리고 나서는 바구니로 떨어질 거예요.")와 같은 시간에 관한 질적인 지적 관계는 시간에 따라("네 구슬이 내 구슬보다 2초 전에 벽에 닿았네.") 일어나는 사건의 특정한 측정을 위한 선도적 역할을 한다.

따라서 경사로 활동을 하는 유아는 양적 계산, 측정, 그리고 기하로 이끄는 질적인 수학적 사고에 참여할 가능성이 있다.

언어

유아는 자신의 경사로에 관해 이야기하면서 자연스럽게 언어적 기회를 갖는다. 가끔 유아는 아이디어는 있으나 표현할 어휘능력이 없는 경우가 있다. 예를 들면, 다음과 같다.

> 3세 다넬은 구슬을 받아내기 위해 경사로 끝에 큰 상자를 대고 기대하고 있다. "이 큰 게 나갈 거야." 다넬이 표현하고자 했던 것은 이전처럼 작은 구슬이 상자에 남아 있는 대신 큰 구슬은 상자 밖으로 튀어나올 것이라는 것이었다. 다넬의 교사 쉐리 피터슨은 이 순간을 이용하여 확장된 어휘와 문장구조로 다넬의 아이디어를 표현해주면서 언어를 가르칠 기회를 포착한다. "네 생각에는 이 큰 구슬이 상자 밖으로 '튕겨' 나올 것이라는 거구나."

교사는 **기울어짐, 경사, 급함, 튀어나옴, 안정적, 공** 등 과학과 수학에 관련된 단어, 또 **위, 아래, 돌아서, 옆** 등의 위치에 관한 단어, 또 **길고, 짧고, 높고, 낮고, 그리고, 빠르고** 등 비교에 관한 형용사와 부사에 관한 단어를 미리 생각해 두면 가르칠 수 있는 순간이 생겼을 때 도움이 된다는 것을 알게 될 것이다.

유아가 자신의 경사로가 기대한 대로 작용했을 때 또 작용하지 않았을 때 느낄 감정을 표현할 때에도 언어적 기회는 일어난다. 이런 상황은 **기쁘다, 슬프다, 속상하다, 만족스럽다, 실망했다, 화난다, 이상하다, 기쁘다** 등의 감정을 표현할 때 사용하는 단어를 소개할 수 있는 기회를 제공한다. 이런 기회에 유아는 감정 조절의 중요한 부분인 감정 인식과 그 감정에 이름을 붙이는 것을 통해 어휘를 확장시킬 수 있다.

성인이 이런 어휘를 사용하면 유아도 그런 어휘를 사용하기 시작한다. 하지만, 유아가 이런 단어를 적합하게 사용하더라도 여전히 그 어휘의 의미를 구성하는 과정에 있을 수 있다.

문학

원리 8(표상과 토의)에서 언급한 것처럼 교사는 교사-도움 쓰기, 경사로에 관해 유아가 아는 것 목록 만들기, 발달적 글쓰기(창안한 단어) 격려하기, 그리고 그림과 사진에 단어 붙이기 등을 통해 유아의 문학적 발달을 증진시킬 수 있다. 이러한 활동은 유아의 읽기, 쓰기, 학습을 시작하는 데 기여한다.

유아에게 어떤 사진을 보여주며 말하고 싶은 것이 있는지 물어보는 것은 결국 책 만들기나 후에는 경사로 만든 것에 관한 개인적 이야기 쓰기를 하도록 유도할 수 있다. 교사-모델 또는 교사-도움 쓰기는 유아의 놀라운 아이디어를 지원한다. 예를 들면, 세 명의 3세 유아가 다음과 같은 이야기를 지었다.

우리는 급하게 내려가는 경사로를 만들었어요.

구슬이 빨리 굴러 내려갔어요.

구슬이 깡통 안으로 떨어졌어요.

프리버그 학교에서 교사 구웬 하몬은 4세 유아에게 경사로 경험을 주기적으로 저널에 쓰거나 그리도록 제안했다. 베스 밴 미터란 선생의 초등학교 1학년과 2학년생은 과학과 문학을 통합하는 차원에서 경사로 경험을 차트로 만들었다. 베스는 유아들이 알아낸 것을 설명할 때 글자소리, 조합, 단어집단, 구두법, 대소문자 쓰기 등에 대한 내용을 조금씩 첨가하며 칠판에 적었다. 유아의 경사로 활동에 대한 흥미는 종종 자신의 작품에 관한 생각을 기록하기 원하는 작가 워크숍으로 이어진다.

사회학습

경사로 활동은 실제 사회에서 경사로가 어떻게 물리뿐만 아니라 사회학습 면에서도 사람들의 생활을 편리하게 하는지에 관해 생각할 기회를 제공한다. 예를 들어 휠체어, 워커, 또는 목발을 사용하는 유아가 있다면 모든 유아는 그 유아가 한 층에서 다른 층으로 이동할 때 경사로가 얼마나 혜택을 주는지 보다 잘 깨닫게 될 것이다.

유아는 또한 횡단보도와 차 진입로, 고속도로 진입로, 주차장 진입로 등과 같이 지역주변에서 경사로의 종류를 찾아볼 수 있다. 쓰레기차의 윗부분이 들어 올려지거나 이삿

짐 차의 판이 내려오는 것도 경사로가 된다.

미주리 주 커크우드 시에 있는 테리 맨더슨 선생의 1학년 교실에서 단순한 기계에 관한 프로젝트를 할 때 유아는 교실 밖의 경사로에서 휠체어를 서로 타고 밀어주는 시간을 가졌다. 그 경사로 옆에는 계단도 있어서 유아가 물리적 기능뿐 아니라 실제적인 사회적 가치를 인식할 수 있게 했다. 이 프로젝트에서 유아는 공공건물의 관리인에게 장애인의 출입을 위한 경사로가 설치되어 있는지를 묻는 편지(처음에는 엉성한 글로 시작되어서, 교사가 편집하고, 유아가 최종적으로 적었다)를 쓰면서 문학을 사회학습에 통합하였다.

28 케안트레의 계획은 연속적인 경사로를 가진 둥근 구조물을 만드는 것이었다. 케안트레는 코브 몰딩의 직선으로 구슬이 반구 모양의 경사로를 따라 굴러가도록 하려고 각도, 그리고 전체 경사가 점차적으로 줄어들게 하는 지적 관계를 구성해야 했다.

미술

프리버그 학교의 미술교사 에넷 스완은 유아가 만든 경사로 구조물은 조각 및 건축의 기본을 공유한다고 말한다. 스완은 경사로와 같이 조각과 다른 미술형태는 물리적 지식(유아가 다양한 자료에 행동을 가해보고, 무슨 일이 일어나는지 알아보고, 특정한 효과를 내기 위해 노력하는 것)과 표상을 포함한다고 지적한다. 또 생각과 느낌의 표현뿐 아니라 분류(사진 29), 기하학(사진 28), 그리고 타인의 관점이해와도 연관되어 있다. 조각과 건축은 물리적 지식(예: 나무, 금속, 콘크리트 등의 속성에 대한 지식)과 힘과 저항, 균형, 안정에 대한 지식 둘 다를 포함한다.

처음에, 유아는 코브 몰딩으로 경사로를 세우면서 물리적 지식측면의 도전을 경험한다. 그 다음 유아는 코브 몰딩은 물리적 속성뿐만 아니라 미적 속성 즉, **부드럽고, 유연함이 없고, 홈이 파여 있고, 끝**이 단면으로 잘려 있다는 것을 알게 된다. 많은 물리적 지식 문제를 경험한 후에 프리버그 학교의 1, 2학년생은 그들의 목적을 조각 및 건축적 의미(사진 21, 22, 23, 24의 탑과 원형과 사각형 나선)를 지닌 심미적 총체를 포함한 지적 관계의 전체 시스템으로 확장했다. 물리적 지식 문제를 해결하는 데 참여한 유아는 종종 자신의 아름다운 구조물의 심미적인 면을 감상하고 뿌듯함, 만족감, 그리고 기쁨을 표현했다.

유아는 3차원적 구조물을 만들 때 공간, 직선과 곡선, 각도, 그리고 패턴 등 모든 면의 기하학에 관해 추론해야만 한다. 어떤 구조물은 패턴이 반복되면서 통일성을 갖는다. 전체적인 측면에서 이런 기하학적 속성을 생각하면 조각이나 건축이라 할 수 있다.

조각가와 건축가가 자신의 디자인을 여러 면에서 고려하는 것과 같이, 유아 또한 자신의 경사로를 **위**와 **아래**, **앞**과 **뒤**, **옆** 그리고 가능하면 **안**과 **밖** 등 여러 공간적 관점에서 들여다본다. 두 명 이상의 유아가 함께 구조물을 만들 때, 그들은 또한 서로의 관점을 고려하여 아이디어를 협응시켜야만 한다.

29 조형적 건축적 의미로 접근하면서 유아는 경사로 디자인의 전체와 부분 간에 지적 관계를 포함하여 다양한 분류 관계에 관해 생각한다. 케안트레는 경사로 끝의 터널에서 시작했다. 그리고 탑을 관통하는 연속적인 총 경사로를 만들기 위해 어떻게 각각의 부분을 연결할지를 생각해야만 했다(사진 22 참조).

10. 사회적 상호작용 격려하기

2장에 적은 것과 같이, 협동적 상호작용은 구성주의 교육의 한 특성이다. 여기서 협동적 상호작용이란 유아 간뿐 아니라 유아와 교사 간의 상호작용을 의미한다. 협동은 모든 측면의 발달을 촉진한다. 피아제는 "사회적 생활은 논리 발달의 필수조건"(1928/1995, 2010)이라고 말했다. 협동의 가치는 사회적 도덕적 발달에서 중요할 뿐만 아니라 협동적 관계가 최적의 지적 발달에 필수이기 때문이라는 점에 있다.

경사로 같은 물리적 지식 활동은 개인적으로 추구될 수도 있지만, 흔히 한 명 이상의 유아가 함께 참여하여 무엇인가 알아내려고 노력하게 된다. 유아는 종종 다른 사람으로부터 아이디어를 얻어 시도해보고, 이들의 흥분과 흥미는 전염되기도 한다. 교사는 또한 유아가 다른 사람이 무엇을 하고 있는지를 주목하도록 격려할 수 있는데 이는 결과를 모방하거나 비교해보도록 고취한다.

3세 유아는 보통 협력한다기보다 서로 가까운 곳에서 평행으로 경사로 활동을 한다. 나이가 들수록 유아는 구조물을 지으면서 자신의 흥미를 공유하기 시작한다. 협동은 주로 한 유아가 "네 경사로에서 내 구슬을 굴려 봐도 되겠니?"라고 물으면서 시작된다. 유아는 흥미를 가지고 관찰하다가 흔히 참여자가 되어 어떤 문제를 발견하거나 수정할 것을 제안하기도 한다. 결국 대부분의 유아는 구조물을 계획하고 만들기 위해 협력하는데 이는 아이디어를 서로 교환하는 것이 자극적이고 즐거운 것임을 알게 되기 때문이다. 하지만, 모든 연령의 유아는 또한 자신의 아이디어를 독립적으로 시도해보는 것을 즐기기

> 구성주의 교육의 3가지 특성:
> - 흥미
> - 실험
> - 협동

도 한다.

함께 활동하는 즐거움은 대인 간의 이해와 우정을 발달시키는 데 자극이 된다. 이는 관계를 방해하는 행동(예: 잡아채기, 독차지하기, 거부하기)을 수정하고 바로 관계를 증진시키는 행동(예: 나누기, 듣기, 포함시키기)을 배워가도록 유아에게 동기를 부여한다. 교사가 유아와 함께 활동할 때 유아도 또래 간에 함께 활동하도록 격려된다.

물론, 갈등은 때로 경사로 활동을 방해한다. 하지만 실험을 계속하고 싶은 욕구가 유아로 하여금 갈등해결방법을 찾게 하는 동기가 된다. 유아가 갈등을 스스로 해결할 수 없을 때는 교사의 중재노력에 대해 특히 수용적일 것이다. 경사로 활동은 협상과 공유 경험을 배우는 좋은 맥락이 된다(유아 간 갈등해결은 DeVries와 Zan의 1994년도 책 참조). 물체와의 실험에 중점을 둔 대인 간 실험의 과정을 통해 충동적인 유아는 감정적이고 지적인 자기규제를 향해 나아갈 수 있다. 유아는 또래와 상호작용하면서, 자신의 행동에 대한 다른 사람의 반응을 관찰한다. 자신이 원하거나 기대했던 반응을 얻지 못하면(**불평형**), 유아는 다른 결과를 얻기 바라는 마음에서 다른 행동을 하도록 동기화 될 수 있다.

일반적으로 한 유아의 행동이 다른 유아에게서 부정적인 반응을 유발할 때, 그 유아는 자신의 욕구에만 초점을 둔 까닭에 충격을 받을 수 있다. 그 '충격'은 다른 사람의 욕구에 대해 인식하게 할 수 있는데 특히 교사의 개입이 따른다면 더욱 그럴 것이다. 이러한 인식은 작은 틈을 만들어주어 유아가 자신의 욕구와 다른 사람의 욕구를 협응해야 할 필요성을 느끼는 기회를 갖게 될 것이다. 구성주의 교사는 유아가 갈등해결을 하는 동안 정서적이면서 동시에 인지적인 지적관계를 구성하는 과정(즉, **평형**)을 경험하기 원한다.

예를 들면, 유아가 다른 유아의 경사로 부분을 잡아채면 의심의 여지없이 깜짝 놀랄 만한 부정적 반응을 경험할 수 있다. 만약 교사가 단지 돌려주라고 말하면, 그 유아는 복종(포기)하겠지만 이를 그저 개인적 욕구가 좌절당한 것으로 경험할 것이다. 유아는 화난 감정에 집중하게 될 것이고, 다른 유아의 감정이나 권리에 대해서는 생각하지 않을 것이다. 구성주의 교사는 그 갈등을 중재해서 두 유아 모두 상대편의 욕구에 초점을 맞춰 어떻게 문제를 해결할지를 알아내고 만족스럽게 갈등을 해소하도록 이끌어야 한다.

다음은 교사 크리스티나의 중재를 통한 4세 유아의 갈등 해소에 관한 예이다.

> 크리스티나는 윌이 "그것 돌려줘!"라고 소리치자 그 유아들이 있는 곳으로 가서 두 유아가 서로 마주 보게 하고 함께 앉았다.
>
> **크리스티나:** 너희 둘 다 똑같은 것을 갖고 싶어 하네. 내가 도와줄 수 있을까?
>
> **윌:** 재가 내 경사로를 가져갔어요. 내가 먼저 가지고 있었는데.
>
> **파이퍼:** 하지만 나도 갖고 싶어요.
>
> **크리스티나:** 파이퍼, 윌을 봐. 네가 윌의 경사로를 가져갔을 때 윌의 마음이 어땠을까?
>
> **파이퍼:** (윌을 보면서) 화가 났을 거예요.

크리스티나: 그랬니, 윌? 화났니?(윌이 끄덕였다.)

크리스티나: 윌이 네 경사로를 가져갔다면 네 마음이 어떨까?

파이퍼: 화가 날 거예요.

크리스티나: 윌이 네가 가지고 있는 경사로를 가져간다면 괜찮을까?

파이퍼: 아니오.

크리스티나: 윌이 더 이상 화나지 않고 둘 다 경사로를 가질 수 있도록 네가 할 수 있는 일에는 어떤 것이 있을까?(크리스티나가 기다린다.)

윌: 파이퍼가 선반에서 경사로를 가져올 수 있어요.

크리스티나: 파이퍼, 윌이 네가 선반에서 경사로를 가져올 수 있다고 하네. 그렇게 하면 되겠니?

파이퍼가 고개를 끄덕인다. 윌은 선반으로 걸어가서 경사로 조각을 집어 파이퍼에게 건네준다. 파이퍼는 미소를 지으며 경사로 조각을 받는다. 두 유아는 모두 흡족해하며 자신의 경사로 구조물을 다시 만들 준비를 한다.

가끔 교사가 이 기술을 사용할 때, 특히 초기에는 유아가 손으로 자신의 귀를 막거나, 등을 돌리거나 혹은 웅크린 자세로 대답하지 않는 경우가 있다. 이런 경우에 교사는 유아들에게 얘기할 준비가 되면 문제를 해결하겠다고 말할 수 있다.

진짜 화가 난 유아는 "윌이 네가 가지고 있는 경사로를 가져간다면 괜찮을까?"라고 물을 때, 상관없다고 대답할 수 있다. 유아가 그렇게 대답하면, 교사는 "나는 그 말을 믿지 못하겠는데. 내 생각에는 너는 누구도 네 경사로를 가져가게 하고 싶지 않을 것 같은데."라고 말할 수 있다. 위 예에서 윌과 파이퍼는 기꺼이 협동을 하는데 이는 교사가 형성한 사회 도덕적 분위기 속에서 안전하고 존중받는다고 느끼며, 교사가 두 유아 모두를 만족할 수 있는 방법으로 문제를 해결하도록 도울 것이라고 믿기 때문이다.

교사가 학년 초에 많은 문제 해결을 도와주면서 갈등 해소의 과정에 상당한 시간을 보내고 나면 몇 달 후부터는 많은 유아가 독립적으로 대인 간 문제를 해결하게 될 것이다. 이런 식으로 자기규제는 긴 기간 동안, 심지어는 생애에 걸쳐 작은 많은 경험을 통해 점차적으로 구성될 것이다.

* * *

유아가 만들어내는 독특한 활동은 교사가 이 10가지 교수 원리에 개인적 의미를 부여하고 더 나아가 그 원리를 발전시키고 새로운 원리를 만들어내도록 고취한다. 많은 교사가 이러한 원리를 가지고 자신의 프로그램 안에 있는 유아와 활동하면서 우리는 상상해보지도 못했던 새롭고 놀라운 아이디어를 생각해내고 있다.

5

나니의 이야기

경사로 활동이 변화를 가져온 사례

한 유아의 탈바꿈이 프리버그 학교에 있는 우리 모두에게 강한 인상을 주었는데 이는 한 교사가 이 책에서 기술한 원리를 적용한 결과이다.

나니는 매우 조용하고, 모든 학습 영역에서 심각하게 뒤처지는 소극적인 1학년생이었다. 특수교육지원교사는 나니가 학습 면에서 절대 발전하지 못할 것이라고 말했다. 나니의 교사 베스 밴 미터란은 나니와 특별히 물리적 지식 활동을 함께 해보기로 했다. 베스는 나니의 경사로 구조물이 다른 유아의 구조물을 복사한 것에 지나지 않고 나니가 경사로 구조물과 관련된 지적 관계를 이해하지 못한다는 것을 알고 충격을 받았다.

> 베스는 구슬이 놓인 한 경사로 부분을 바닥에 놓고 나니에게 구슬이 굴러가게 하려면 무엇을 해야 할지 묻는다. 나니는 대답하지 않는다. 더 알아보기 위해, 베스는 나니의 오목하게 쥔 손에 경사로의 양끝을 올려놓는다. 베스는 경사로 중간에 구슬을 놓으며 묻는다. "구슬이 이쪽 끝으로 가게 하려면 무엇을 할 수 있을까?" 나니는 경사로를 조심스럽게 수평을 유지하며 머리 위로 올리면서 행동으로 답한다.

나니의 추론으로는 전체 수평 경사로의 높이가 구슬을 움직이게 한 것이다. 나니는 경사와 구슬의 움직임 간의 지적관계를 형성하지 못한 것이다.

> 구슬이 중간에 멈춰 있는 것을 보고 나니는 경사로를 내리기 시작한다. 그 과정에 의도하지 않게 한쪽이 낮아져서 구슬이 왼쪽으로 굴러간다. 베스는 "어, 무슨 일이 일어났니? 어떻게 구슬이 저쪽으로 굴러가게 했니?" 나니는 어깨를 으쓱한다. "그 구슬을 반대쪽으로 굴러가게 하는 방법이 있을까?" 다시 나니는 경사로를 머리 위로 올리기 시작하고, 조심스럽게 수평을 유지한다. 베스가 묻는다. "구슬이 굴러가지 않네. 어떻게 해야 구슬이 계속 굴러갈까?" 나니는 대답하지 않는다. 그러자 베스는 자신의 손을 나니의 손 위에 올려놓고 완만하게 왼쪽 끝을 올려 구슬이 오른쪽으로 굴러가게 한다. "무슨 일이 일어났니? 무엇이 구슬을 움직이게 했니?" 나니는 잠시 앉아 있다가 다시 전체 경사로를 올린다.

다시, 그리고 또다시, 나니와 베스는 나니가 한쪽을 더 높게 올렸을 때 구슬이 반대방향으로 굴러갈 것이라고 묘사할 수 있을 때까지, 나니가 손에 든 경사로에서 구슬이 굴러가는 실험을 하였다.

교사의 안내로 나니는 사진 31에서 보는 것 같이 간단한 경사로를 만들기 시작했고, 어떻게 구슬을 굴러가게 했는지 묘사하기 시작했다. 나중에 사진 32에서 보는 것 같이 나니는 모서리가 있으면서 더 많은 조각을 사용한 경사로를 만들었다. 마침내 한정된 공간 안에 보다 복잡한 경사로(사진 33)를 만들 수 있게 되었다.

나니는 학업 면에서도 진전을 보였다. 2학년 말에는 나니의 사고(지적 관계)가 성장했음을 보여줬다. 읽기와 수학에서도 발전했다. 나니는 '더 친한 숫자'를 얻기 위해 '친하지 않은 숫자'를 더하면서 숫자에 관해 추론하기 시작했다(예: 7 + 5 + 3을 계산할 때, 나니는 7 + 3을 더해 10을 만들어 5를 더하기 쉽게 했다). 또한, 나니는 똑같은 두 숫자를 더하는 것과 그에 근접한 더하기 간의 관계를 만들었다(예: 6 + 6=12면, 6 + 7은 13이 될 것이다. 왜냐하면 7이 6보다 1이 더 크고 13은 12보다 하나 더 크기 때문이다).

나니가 경사로 활동에 집중하기 전에는 짧은 이야기의 문자적 정보조차 이해하지 못했고, 그 이야기를 자신의 생활 속의 사건이나 경험으로 연결시키지 못했다. 물리적 지식활동에서 지적 관계를 구성한 후, 나니는 이야기에서 무슨 일이 일어나고 있는지에 대해 때로는 그림을 보면서 다음과 같이 시작했다. 예로 다음을 들 수 있다.

31 나니는 간단한 경사로를 만들면서 구슬이 어떻게 굴러가게 만들었는지를 설명할 수 있었다.

32 후에 나니는 모서리가 있는 경사로를 만들었다.

33 마침내 나니는 한정된 공간 내에 복잡한 경사로 구조물을 만들 수 있었다.

> 나니는 자신이 읽고 있는 책에 나온 한 그림에 대해 자신의 생각을 말하고 있다. 나니는 빙산 꼭대기에 햇빛이 비치고 있다고 말했다. 베스가 물었다. "이쪽 페이지에 해가 없네. 만약에 우리가 이쪽 면을 더 크게 만들어 해를 볼 수 있게 한다면 해가 어느 쪽에 있어야 할까?" 나니가 정확한 방향을 가리켰다. "그것을 어떻게 알아?" "왜냐하면 빙산의 이쪽 편에 햇빛이 비추고 있으니까요. 게다가, 펭귄 그림자를 보세요. 태양이 저쪽 편에 있어야 이쪽 편에 그림자가 생길 수 있어요."

나니는 물체와 빛의 근원, 그리고 그림자 간의 공간 관계를 구성하여 협응시켰다.

문학과 수학에서 나니의 추론이 증진된 것이 물리적 지식 활동의 결과라고 증명할 수는 없지만, 나니가 기적 같은 발달을 의미 있게 보여준 것은 물리적 지식 활동에서 정확한 지적 관계를 구성하고 나서야 일어났던 것은 분명하다.

각주: 나니의 발달은 카미의 연구인(Kamii, Rummelsburg, & Kari, 2005) 수학 테스트 결과에 물리적 지식 활동이 긍정적 효과를 준다는 것과 지적 관계는 물리적 지식 활동 동안 발달한다는 이론적 견해와 일치한다.

참고문헌

Bredekamp, S., ed. 1987. *Developmentally appropriate practice in early childhood programs serving children from birth through age 8*. Expanded edition. Washington, DC: NAEYC.

Bredekamp, S., & C. Copple, eds. 1997. *Developmentally appropriate practice in early childhood programs*. Rev ed. Washington, DC: NAEYC.

Developmental Studies Center. 1996. *Ways we want our class to be: Class meetings that build commitment to kindness and learning*. Oakland, CA: Author.

DeVries, R. 1986. Children's conceptions of shadow phenomena. *Genetic, Social, and General Psychology Monographs* 112(4): 479-530.

DeVries, R., & L. Kohlberg. 1987/1990. *Constructivist early education: Overview and comparison with other programs*. Washington, DC: NAEYC.

DeVries, R., & B. Zan. 1994. *Moral classrooms, moral children: Creating a constructivist atmosphere in early education*. New York: Teachers College Press.

DeVries, R., & B. Zan. 1995. Creating a constructivist classroom atmosphere. *Young Children* 51(1): 4-13.

DeVries, R., B. Zan, C. Hildebrandt, R. Edmiaston, & C. Sales. 2002. *Developing constructivist early childhood curriculum: Practical principles and activities*. New York: Teachers College Press.

Dewey, J. 1913/1975. *Interest and effort in education*. Edwardsville, IL: Southern Illinois Press.

Duckworth, E. 2006. *"The having of wonderful ideas" and other essays on teaching and learning*. 3d ed. New York: Teachers College Press.

Edmiaston, R. 2002. Assessing and documenting learning in constructivist classrooms. In *Developing constructivist early childhood curriculum: Practical principles and activities,* eds. R. DeVries, B. Zan, C. Hildebrandt, R. Edmiaston, & C. Sales, 53-67. New York: Teachers College Press.

Edwards, C., L. Gandini, & G. Forman. 1998. *The hundred languages of children: The Reggio Emilia approach—Advanced reflections*. 2d ed. Westport, CT: Albex.

Evans, R.I. 1973. *Jean Piaget: The man and his ideas*. New York: Dutton.

Gilbert, L. 1984. *I can do it! I can do it! 135 successful independent learning activities*. Mt. Rainer, MD: Gryphon House.

Helm, J.H., & S. Beneke. 2003. *The power of projects: Meeting contemporary challenges in early childhood classrooms—Strategies & solutions*. New York: Teachers College Press; and Washington, DC: NAEYC.

Helm, J.H., & L. Katz. 2011. *Young investigators: The project approach in the early years*. 2d ed. New York: Teachers College Press; and Washington, DC: NAEYC.

Howes, C., & S. Ritchie. 2002. *A matter of trust: Connecting teachers and learners in the early childhood classroom*. New York: Teachers College Press.

Jones, E., & G. Reynolds. 1992. *The play's the thing: Teachers' roles in children's plays*. New York: Teachers College Press.

Kamii, C., & R. DeVries. 1978/1993. *Physical knowledge in preschool education: Implications of Piaget's theory*. New York: Teachers College Press.

Kamii, C., J. Rummelsburg, & A. Kari. 2005. Teaching arithmetic to low-performing, low-SES first-graders. *Journal of Mathematical Behavior* 24(1): 39–50.

Katz, L.G., & S.C. Chard. 2000. *Engaging children's minds: The project approach*. 2d ed. Stamford, CT: Ablex.

Piaget, J. 1928/1995. *Sociological studies*. L. Smith, ed. New York: Routledge(Original works published 1928–1964).

Piaget, J. 1932/1965. *The moral judgment of the child*. New York: Free Press.

Piaget, J. 1941/1952. *The child's conception of number*. New York: Norton.

Piaget, J. 1948/1973. *To understand is to invent*. New York: Grossman.

Piaget, J. 1952. *The origins of intelligence in children*. New York: International Universities Press.

Piaget, J. 1954/1981. *Intelligence and affectivity: Their relationship during child development*. Berkeley: University of California Press.

Piaget, J. 1964. Development and learning. In *Piaget rediscovered: A report of the Conference on Cognitive Studies and Curriculum Development,* eds. R.E. Ripple & V.N. Rockcastle, 7-20. Ithaca, NY: Cornell University Press.

Piaget, J. 1969/1970. *Science of education and the psychology of the child*. New York: Viking Compass.

Piaget, J. 1971/1974. *Understanding causality*. New York: Norton.

Piaget, J. 1973. Piaget takes a teacher's look. *Learning: The magazine for creative teaching* 2(2): 22-27.

Piaget, J. 1974/1976. *The grasp of consciousness: Action and concept in the young child*. Cambridge, MA: Harvard University Press.

Piaget, J. 1975/1985. *The equilibration of cognitive structures: The central problem of intellectual development*. Chicago: University of Chicago Press.

Piaget, J., & R. Garcia. 1983/1989. *Psychogenesis and the history of science*. New York: Columbia University Press.

Piaget, J., & B. Inhelder. 1948/1956. *The child's conception of space*. New York: Norton.

Watson, M., & L. Ecken. 2003. *Learning to trust: Transforming difficult elementary classrooms through developmental discipline*. San Francisco: Jossey-Bass.

찾아보기

역자 소개

이경우
이화여자대학교 석사
Bryn Mawr College 석사
Temple University 박사
UCLA 석좌교수
이화여자대학교 교수 역임

곽향림
덕성여자 대학교 학사
이화여자대학교 교육대학원 석사
University of Northern Iowa 박사
호원대학교 유아교육과 교수
호원대학교 부속유치원 원장

천선
이화여자대학교 학사
University of Northern Iowa 석사
California State University, Fullerton 석사
University of Northern Iowa 박사
Pacific Oaks College 교수 역임
University of Alaska Southeast 교수 역임

경사로 활동을 통한

구성주의 유아물리과학 하기

초판 1쇄 인쇄 2014년 9월 23일
초판 1쇄 발행 2014년 9월 29일

지은이 | 리타 드브리스·크리스티나 세일즈
옮긴이 | 이경우·곽향림·천선
펴낸이 | 김기섭
책임편집 | 이윤미
펴낸곳 | 창지사 www.changjisa.com
153-802 서울시 금천구 가산디지털 1로 83 파트너스타워1차 9층
전화 (02) 719-2211~3
팩스 (02) 701-9386
등 록 | 1977년 4월 28일·제1-421호

ISBN 978-89-426-1106-5 (93370)

값 10,000원

「이 도서의 국립중앙도서관 출판예정도서목록(CIP)은 서지정보유통지원시스템 홈페이지(http://seoji.nl.go.kr)와 국가자료공동목록시스템(http://www.nl.go.kr/kolisnet)에서 이용하실 수 있습니다.(CIP제어번호: CIP2014027442)」